政府采购
常见问题解析

本书编写组　组织编写

知识产权出版社

全国百佳图书出版单位

——北京——

图书在版编目（CIP）数据

政府采购常见问题解析／本书编写组组织编写．—北京：知识产权出版社，
2022.12

ISBN 978-7-5130-8429-1

Ⅰ.①政… Ⅱ.①本… Ⅲ.①政府采购制度—中国—问题解答
Ⅳ.①F812.2-44

中国版本图书馆 CIP 数据核字（2022）第 200074 号

内容提要

本书按照采购预算管理、采购需求管理、采购活动管理、采购履约管理、采购档案管理、采购争议管理6个重要环节进行分类介绍，各章设置了工作原则、相关规定汇总、案例分析、工作指引4个模块，具有较强的权威性和实操性，可以给读者在政府采购实践工作中提供启示和借鉴。

责任编辑：卢海鹰　章鹿野		责任校对：王　岩	
封面设计：任　珊		责任印制：刘译文	

政府采购常见问题解析

本书编写组　组织编写

出版发行：知识产权出版社有限责任公司　　网　　址：http://www.ipph.cn

社　　址：北京市海淀区气象路 50 号院　　邮　　编：100081

责编电话：010-82000860 转 8122　　责编邮箱：lueagle@126.com

发行电话：010-82000860 转 8101/8102　　发行传真：010-82000893/82005070/82000270

印　　刷：三河市国英印务有限公司　　经　　销：新华书店、各大网上书店及相关专业书店

开　　本：720mm×1000mm　1/16　　印　　张：10.5

版　　次：2022 年 12 月第 1 版　　印　　次：2022 年 12 月第 1 次印刷

字　　数：150 千字　　定　　价：68.00 元

ISBN 978-7-5130-8429-1

编　委　会

主　　任　胡文辉

副主任　葛　树　刘菊芳

编写组成员　董　鑫　张晓冲　俞晓航　李　俊

编 者 序

政府采购制度是公共财政管理的重要内容，也是引领公共财政支出管理改革的"三驾马车"之一。《深化政府采购制度改革方案》明确提出："发挥采购人在采购活动中的主体作用，建立健全采购人对采购结果负责机制"。但在深化政府采购制度改革工作过程中，采购人可能会面临一些问题，有些是行业规范上的疑问，有些是对政策理解的疑问。

为帮助采购人更好的理解和运用政府采购制度和政策，提升依法采购的能力和水平，编写组结合日常工作中遇到的问题和中华人民共和国审计署发布的《中央部门单位 2021 年度预算执行等情况审计结果》，经过仔细归纳梳理，形成《政府采购常见问题解析》一书。

本书在体例编排上按照采购预算管理、采购需求管理、采购活动管理、采购履约管理、采购档案管理、采购争议管理 6 个重要环节进行分类，精心选取 94 类案例和 170 个具体问题，基本涵盖实际采购中的热点和难点问题。同时，本书各章在内容编排上设置工作原则、相关规定汇总、案例分析、工作指引 4 个模块，相关分析、总结参考了财政部门户网站的指导性案例、网民咨询答复、信息公告，以及《中国政府采购报》《中国政府采购》等报纸、期刊上发表的文章，具有较强的权威性和实操性，可以给读者在政府采购实践工作中提供启示和借鉴。

CONTENTS 目 录

采购预算管理

第一章　编制政府采购预算

第一章　编制政府采购预算

一、工作原则

政府采购预算是部门预算的重要组成部分，做好政府采购预算编制工作应严格坚持以下六项原则。

一是坚持政策性原则。政府采购预算编制必须以国家有关方针、政策和各项财务制度为依据，根据完成事项目标任务，正确处理需要与可能的矛盾，保证重点，兼顾一般，实事求是地编制预算。

二是坚持完整性原则。编制政府采购预算时，须将单位取得的财政拨款和其他各项收入以及各项支出形成的政府采购项目资金，完整、全面地反映在单位部门预算中，不得另外保留收支项目。

三是坚持可行性原则。安排政府采购预算项目要精打细算，尽量节约财政资金，切不可超前购买和消费，对确因实际工作需要的可以在法律允许范围内适当提高采购项目的技术含量要求。

四是坚持可靠性原则。政府采购预算一经批准必须严格执行，不得随意调整。各单位在考虑应该采购项目的同时，应保证政府采购资金的来源不能预留缺口。

五是坚持统一性原则。在编制政府采购预算时，要按照国家统一设置的预算表格、口径、程序以及计算方法填列有关数字指标，按照财政部政府采购目录将预算项目细化到具体品目。

六是坚持突出重点原则。政府采购范围广，项目多，要突出重点，有的放矢，优先安排必需或紧急的项目。

二、相关规定汇总

1.《中华人民共和国政府采购法》（节选）

第二条　在中华人民共和国境内进行的政府采购适用本法。

本法所称政府采购，是指各级国家机关、事业单位和团体组织，使用财政性资金采购依法制定的集中采购目录以内的或者采购限额标准以上的货物、工程和服务的行为。

政府集中采购目录和采购限额标准依照本法规定的权限制定。

本法所称采购，是指以合同方式有偿取得货物、工程和服务的行为，包括购买、租赁、委托、雇用等。

本法所称货物，是指各种形态和种类的物品，包括原材料、燃料、设备、产品等。

本法所称工程，是指建设工程，包括建筑物和构筑物的新建、改建、扩建、装修、拆除、修缮等。

本法所称服务，是指除货物和工程以外的其他政府采购对象。

第六条　政府采购应当严格按照批准的预算执行。

第十八条　采购人采购纳入集中采购目录的政府采购项目，必须委托集中采购机构代理采购；采购未纳入集中采购目录的政府采购项目，可以自行采购，也可以委托集中采购机构在委托的范围内代理采购。

纳入集中采购目录属于通用的政府采购项目的，应当委托集中采购机构代理采购；属于本部门、本系统有特殊要求的项目，应当实行部门集中采购；属于本单位有特殊要求的项目，经省级以上人民政府批准，可以自行采购。

第二十八条　采购人不得将应当以公开招标方式采购的货物或者服务化整为零或者以其他任何方式规避公开招标采购。

第三十三条　负有编制部门预算职责的部门在编制下一财政年度部

门预算时，应当将该财政年度政府采购的项目及资金预算列出，报本级财政部门汇总。部门预算的审批，按预算管理权限和程序进行。

2. 《中华人民共和国政府采购法实施条例》（节选）

第二条 政府采购法第二条所称财政性资金是指纳入预算管理的资金。

以财政性资金作为还款来源的借贷资金，视同财政性资金。

国家机关、事业单位和团体组织的采购项目既使用财政性资金又使用非财政性资金的，使用财政性资金采购的部分，适用政府采购法及本条例；财政性资金与非财政性资金无法分割采购的，统一适用政府采购法及本条例。

第二十八条 在一个财政年度内，采购人将一个预算项目下的同一品目或者类别的货物、服务采用公开招标以外的方式多次采购，累计资金数额超过公开招标数额标准的，属于以化整为零方式规避公开招标，但项目预算调整或者经批准采用公开招标以外方式采购除外。

3. 《政府购买服务管理办法》（财政部令第 102 号）（节选）

第三条 政府购买服务应当遵循预算约束、以事定费、公开择优、诚实信用、讲求绩效原则。

4. 《财政部关于对中央预算单位政府采购执行情况实行动态监管的通知》（财办库〔2016〕413 号）（节选）

二、动态监管的主要内容

（一）政府采购预算和计划编报情况。重点监管中央预算单位是否违规调剂政府采购预算，规避公开招标和政府采购；是否超采购预算或计划开展采购活动。

（二）政府采购审核审批事项执行情况。重点监管中央预算单位达到公开招标数额标准以上的货物、服务采购项目采用公开招标以外采购方式的，在发布采购公告前是否按规定报财政部审批；采购进口产品的采购项目，在发布采购公告前是否按规定报财政部审核或备案。

5.《国务院办公厅关于印发中央预算单位政府集中采购目录及标准（2020 年版）的通知》（国办发〔2019〕55 号）

6.《政府采购品目分类目录》（财库〔2022〕31 号）

三、案例分析

（一）应编未编、应采未采

1. 应编未编

案情描述：

①×××单位认为其作为公益二类事业单位，采用企业化管理，所有资金收入来源于经营活动，因此未编制政府采购预算。其委托社会代理机构采购的某服务类项目预算 100 万元，未按政府采购方式和程序进行采购。

②×××单位未将 437.25 万元自有资金支出纳入部门预算。（注：审计问题）

③×××单位使用自有资金 497.33 万元支付楼层改造、供配电改造等，但未编制预算。（注：审计问题）

④×××单位无预算开展 15 个项目的政府采购，合同金额 4279.12 万元，2021 年已支出 1680.48 万元。（注：审计问题）

2. 应采未采

案情描述：

①×××单位在 2017～2021 年中的 1 个政府采购项目未按规定公开招标，直接指定承接单位，已支出 1748.74 万元，其中 2021 年支出 355 万元。（注：审计问题）

②×××单位在 2018～2021 年未按规定执行政府采购程序，直接与服务商签订保洁、会议及保卫等服务购买合同，已支出 1237.78 万元。（注：审计问题）

点评分析：

《中华人民共和国政府采购法》第二条所称财政性资金是指纳入预算管理的资金。在政府采购管理中，凡使用纳入部门预算管理的资金，不论来源，包括部分事业收入、经营性收入和其他收入等"自有收入"，都应当纳入政府采购管理范畴。

使用财政性资金采购集中采购目录以内或者采购限额标准以上的货物、工程和服务（各部门自行采购单项或批量金额达到 100 万元以上的货物和服务的项目、120 万元以上的工程项目），应当纳入政府采购预算编报范围。

依据：

《中华人民共和国政府采购法》第二条，《中华人民共和国政府采购法实施条例》第二条第一款、第二款、第三款。

（二）应集采未集采

案情描述：

①×××单位将某预算 300 万元，且本单位物业管理服务部门不能承担的物业服务项目委托社会代理机构采购。

②×××单位 2020 年 1 月和 2021 年 6 月未按规定委托集中采购机构代理采购，自行选择 2 家公司作为互联网接入服务商，涉及采购金额 116 万元。（注：审计问题）

点评分析：

采购人采购纳入集中采购目录的政府采购项目，必须委托集中采购机构代理采购。

除多单位共用物业的物业管理服务外，京内单位单项或批量金额在 100 万元以上的，该单位物业管理服务部门不能承担的在京内执行的机关办公场所水电供应、设备运行、建筑物门窗保养维护、保洁、保安、绿化养护等物业管理服务项目，必须委托集中采购机构代理采购。

依据：

《中华人民共和国政府采购法》第十八条，《国务院办公厅关于印发中央预算单位政府集中采购目录及标准（2020 年版）的通知》（国办发〔2019〕55 号）。

（三）先用后采

案情描述：

①×××单位某委托出版项目的实施周期为 2021 年 1 月 1 日至 2021 年 12 月 31 日整个自然年度，而采购活动在 2021 年 4 月才正式启动。

②×××单位在 2019~2021 年有 3 个服务类项目先确定供应商实施项目，后履行政府采购程序，合同金额 517.9 万元。（注：审计问题）

点评分析：

政府采购应当严格按照批准的预算执行，禁止先用后采走形式。上述行为严重违反政府采购公开透明原则和公平竞争原则。

依据：

《中华人民共和国政府采购法》第六条。

（四）规避政府采购、公开招标

1. 变相规避政府采购、公开招标

案情描述：

①×××单位某货物类项目的采购预算为 99.8 万元，接近分散采购限额标准（即各部门自行采购单项或批量金额达到 100 万元以上的货物和服务的项目、120 万元以上的工程项目）。

②×××单位某单一来源项目的采购预算为 198 万元，接近公开招标数额标准（即单项采购金额达到 200 万元以上的，必须采用公开招标方式）。

点评分析：

采购人应遵循科学合理、厉行节约的原则，根据采购项目特点和实际需要编制预算、选定采购方式，不得在申报采购计划时故意压低采购项目资金预算等关键性指标，变相规避政府采购，或者变相规避公开招标采购，刻意寻求非标采购方式。

依据：

《中华人民共和国政府采购法》第二十八条，《财政部关于对中央预算单位政府采购执行情况实行动态监管的通知》（财办库〔2016〕413号）第二部分，《国务院办公厅关于印发中央预算单位政府集中采购目录及标准（2020年版）的通知》（国办发〔2019〕55号）。

2. 以化整为零方式规避公开招标

案情描述：

①×××单位在2021年将一个预算项目下的同一类别的服务拆分为2个单独项目，分别采用单一来源方式进行采购，累计资金数额为295万元。

②×××单位在2016～2019年规避公开招标规定，违规分拆应公开招标的工程项目，涉及合同金额275.55万元。（注：审计问题）

点评分析：

除因项目预算调整或者经批准采用公开招标以外方式采购，采购人在一个财政年度内将一个预算项目下的同一品目或者类别的货物、服务采用公开招标以外的方式多次采购，累计资金数额超过公开招标数额标准的，属于以化整为零方式规避公开招标。

依据：

《中华人民共和国政府采购法》第二十八条，《中华人民共和国政府采购法实施条例》第二十八条，《财政部关于对中央预算单位政府采购执行情况实行动态监管的通知》（财办库〔2016〕413号）第二部分，《政府采购品目分类目录》（财库〔2022〕31号）。

（五）预算编制不合理

案情描述：

①×××单位未根据当年实际支出需求编制信息化工程项目预算，

一次性申请项目总预算 2996 万元，当年仅执行 3.68%，导致 2885.6 万元闲置。（注：审计问题）

②×××单位在编制预算时，未细化到基层单位和具体项目，涉及金额 5800 万元。（注：审计问题）

③×××单位在 2019～2021 年申报公务用车运行费时编报不实，多报公务用车数量，至 2021 年底结转资金 235.39 万元。（注：审计问题）

点评分析：

政府采购预算编制必须根据完成事项目标任务，正确处理需要与可能的矛盾，实事求是地编制预算。采购人在安排政府采购预算项目时要精打细算，尽量节约财政资金，切不可超前购买和消费。

依据：

《中华人民共和国政府采购法》第三十三条，《政府购买服务管理办法》（财政部令第 102 号）第三条。

四、工作指引

《中华人民共和国政府采购法》第六条规定，政府采购应当严格按照批准的预算执行。全面完整编制政府采购预算是预算单位开展政府采购工作的重要基础。

中央预算单位使用财政性资金采购集中采购目录以内或者采购限额标准以上的货物、工程和服务应当在编制部门"二上"预算时同步编制政府采购预算。关于财政性资金，《中华人民共和国政府采购法实施条例》第二条明确规定是指纳入预算管理的资金，而《中华人民共和国预算法》第四条则规定政府的全部收入和支出都应当纳入预算。因此，中央预算单位凡使用纳入部门预算管理的资金开展的采购活动，均应纳入政府采购管理范畴，编制政府采购预算。

中央预算单位在编制政府采购预算时，应当按照《国务院办公厅关于印发中央预算单位政府集中采购目录及标准（2020 年版）的通知》（国办发〔2019〕55 号）确定编制范围。一般公共预算和政府性基金预算中的项目支出和基本支出涉及政府采购的，均应细化到具体的采购项目，按照《政府采购品目分类目录》（财库〔2022〕31号），准确选择货物、工程、服务类型，填写项目名称、采购标的名称、主要采购标的品目、预算金额、需实现的主要功能或者目标等基本信息，并根据采购项目的具体情况，注明落实政府采购支持节能环保、中小企业发展等政策功能情况，如强制或者优先采购节能环保产品、预留面向中小企业采购份额等。

做好政府采购预算编制工作应严格坚持六项原则，同时，要重点对采购单位编制预算的完整性、合理性、准确性进行审查，看政府采购预算编制是否详实明细，是否具有较强的可操作性。一是审查预算编制是否做到应编尽编，对纳入预算管理的资金涉及政府采购的是否都编制了政府采购预算。对采购资金来源、配置标准、品目分类、组织形式和采购方式等方面内容进行审核，看资金来源是否合理，采购方式是否符合规定。二是看预算执行是否做到应采尽采，是否存在预算与执行"两张皮"现象。通过对预算执行率考评来检验预算控制力强不强，有没有随意调整预算的情况。

采购需求管理

第二章　制订采购计划和需求

第三章　采购意向公开

第二章 制订采购计划和需求

一、工作原则

采购需求是指采购人为实现项目目标，拟采购的标的及其需要满足的技术、商务要求。确定采购需求，实现项目目标，应遵循以下五项原则。

一是项目目标必须是具体的。政府采购项目一般有两个目标，一个是采购标的需实现的功能或者目标，这个目标由预算部门和单位根据部门预算绩效目标进行设定，是采购项目的首要目标；另一个重要目标是政府采购应当有助于实现国家的经济和社会发展政策目标，包括保护环境，扶持不发达地区和少数民族地区，促进中小企业发展等。此外，《中华人民共和国政府采购法（修订草案征求意见稿)》提出了预算绩效目标。

二是项目目标及采购需求必须是可以衡量的。采购需求应当完整、明确、细化。采购需求分为技术要求、商务要求两个部分，两个部分又细化为若干客观的量化指标。技术要求和商务要求应当客观，量化指标应当明确相应等次，有连续区间的按照区间划分等次。需由供应商提供设计方案、解决方案或者组织方案的采购项目，应当说明采购标的的功能、应用场景、目标等基本要求，并尽可能明确其中的客观、量化指标。

三是采购需求及项目目标必须是可以达到的。采购需求应当符合法律法规、政府采购政策和国家有关规定，符合国家强制性标准，遵循预算、资产和财务等相关管理制度规定，符合采购项目特点和实际需要。

四是项目目标要与其他目标具有一定的相关性。确定采购需求应当明确实现项目目标的所有技术、商务要求，功能和质量指标的设置要充分考虑可能影响供应商报价和项目实施风险的因素。

五是项目目标必须具有明确的截止期限。明确的截止期限在《政府采购需求管理办法》中体现为采购实施计划。采购实施计划，是指采购人围绕实现采购需求，对合同的订立和管理所做的安排。采购实施计划根据法律法规、政府采购政策和国家有关规定，结合采购需求的特点确定。

二、相关规定汇总

1.《中华人民共和国政府采购法》（节选）

第二条　在中华人民共和国境内进行的政府采购适用本法。

本法所称政府采购，是指各级国家机关、事业单位和团体组织，使用财政性资金采购依法制定的集中采购目录以内的或者采购限额标准以上的货物、工程和服务的行为。

政府集中采购目录和采购限额标准依照本法规定的权限制定。

本法所称采购，是指以合同方式有偿取得货物、工程和服务的行为，包括购买、租赁、委托、雇用等。

本法所称货物，是指各种形态和种类的物品，包括原材料、燃料、设备、产品等。

本法所称工程，是指建设工程，包括建筑物和构筑物的新建、改建、扩建、装修、拆除、修缮等。

本法所称服务，是指除货物和工程以外的其他政府采购对象。

第二十二条　（第二款）采购人可以根据采购项目的特殊要求，规定供应商的特定条件，但不得以不合理的条件对供应商实行差别待遇或者歧视待遇。

第二十七条 采购人采购货物或者服务应当采用公开招标方式的，其具体数额标准，属于中央预算的政府采购项目，由国务院规定；属于地方预算的政府采购项目，由省、自治区、直辖市人民政府规定；因特殊情况需要采用公开招标以外的采购方式的，应当在采购活动开始前获得设区的市、自治州以上人民政府采购监督管理部门的批准。

第三十一条 符合下列情形之一的货物或者服务，可以依照本法采用单一来源方式采购：

（一）只能从唯一供应商处采购的；

（二）发生了不可预见的紧急情况不能从其他供应商处采购的；

（三）必须保证原有采购项目一致性或者服务配套的要求，需要继续从原供应商处添购，且添购资金总额不超过原合同采购金额百分之十的。

第四十九条 政府采购合同履行中，采购人需追加与合同标的相同的货物、工程或者服务的，在不改变合同其他条款的前提下，可以与供应商协商签订补充合同，但所有补充合同的采购金额不得超过原合同采购金额的百分之十。

第六十四条 采购人必须按照本法规定的采购方式和采购程序进行采购。

任何单位和个人不得违反本法规定，要求采购人或者采购工作人员向其指定的供应商进行采购。

2. 《中华人民共和国政府采购法实施条例》（节选）

第七条 政府采购工程以及与工程建设有关的货物、服务，采用招标方式采购的，适用《中华人民共和国招标投标法》及其实施条例；采用其他方式采购的，适用政府采购法及本条例。

前款所称工程，是指建设工程，包括建筑物和构筑物的新建、改建、扩建及其相关的装修、拆除、修缮等；所称与工程建设有关的货物，是指构成工程不可分割的组成部分，且为实现工程基本功能所必需的设备、材料等；所称与工程建设有关的服务，是指为完成工程所需的勘察、设计、监理等服务。

政府采购工程以及与工程建设有关的货物、服务，应当执行政府采购政策。

第二十条　采购人或者采购代理机构有下列情形之一的，属于以不合理的条件对供应商实行差别待遇或者歧视待遇：

（一）就同一采购项目向供应商提供有差别的项目信息；

（二）设定的资格、技术、商务条件与采购项目的具体特点和实际需要不相适应或者与合同履行无关；

（三）采购需求中的技术、服务等要求指向特定供应商、特定产品；

（四）以特定行政区域或者特定行业的业绩、奖项作为加分条件或者中标、成交条件；

（五）对供应商采取不同的资格审查或者评审标准；

（六）限定或者指定特定的专利、商标、品牌或者供应商；

（七）非法限定供应商的所有制形式、组织形式或者所在地；

（八）以其他不合理条件限制或者排斥潜在供应商。

第五十九条　政府采购法第六十三条所称政府采购项目的采购标准，是指项目采购所依据的经费预算标准、资产配置标准和技术、服务标准等。

3.《政府采购货物和服务招标投标管理办法》（财政部令第87号）（节选）

第十条　采购人应当对采购标的的市场技术或者服务水平、供应、价格等情况进行市场调查，根据调查情况、资产配置标准等科学、合理地确定采购需求，进行价格测算。

第十一条　采购需求应当完整、明确，包括以下内容：

（一）采购标的需实现的功能或者目标，以及为落实政府采购政策需满足的要求；

（二）采购标的需执行的国家相关标准、行业标准、地方标准或者其他标准、规范；

（三）采购标的需满足的质量、安全、技术规格、物理特性等要求；

（四）采购标的的数量、采购项目交付或者实施的时间和地点；

（五）采购标的需满足的服务标准、期限、效率等要求；

（六）采购标的的验收标准；

（七）采购标的的其他技术、服务等要求。

第五十五条 （第三款）评审因素应当细化和量化，且与相应的商务条件和采购需求对应。商务条件和采购需求指标有区间规定的，评审因素应当量化到相应区间，并设置各区间对应的不同分值。

4. 《政府采购非招标采购方式管理办法》（财政部令第 74 号）（节选）

第三十八条 属于政府采购法第三十一条第一项情形，且达到公开招标数额的货物、服务项目，拟采用单一来源采购方式的，采购人、采购代理机构在按照本办法第四条报财政部门批准之前，应当在省级以上财政部门指定媒体上公示，并将公示情况一并报财政部门。公示期不得少于 5 个工作日，公示内容应当包括：

（一）采购人、采购项目名称和内容；

（二）拟采购的货物或者服务的说明；

（三）采用单一来源采购方式的原因及相关说明；

（四）拟定的唯一供应商名称、地址；

（五）专业人员对相关供应商因专利、专有技术等原因具有唯一性的具体论证意见，以及专业人员的姓名、工作单位和职称；

（六）公示的期限；

（七）采购人、采购代理机构、财政部门的联系地址、联系人和联系电话。

5. 《政府购买服务管理办法》（财政部令第 102 号）（节选）

第二十四条 政府购买服务合同履行期限一般不超过 1 年；在预算保障的前提下，对于购买内容相对固定、连续性强、经费来源稳定、价格变化幅度小的政府购买服务项目，可以签订履行期限不超过 3 年的政府购买服务合同。

6.《政府采购竞争性磋商采购方式管理暂行办法》（财库〔2014〕214 号）（节选）

第四条　达到公开招标数额标准的货物、服务采购项目，拟采用竞争性磋商采购方式的，采购人应当在采购活动开始前，报经主管预算单位同意后，依法向设区的市、自治州以上人民政府财政部门申请批准。

第六条　采购人、采购代理机构应当通过发布公告、从省级以上财政部门建立的供应商库中随机抽取或者采购人和评审专家分别书面推荐的方式邀请不少于 3 家符合相应资格条件的供应商参与竞争性磋商采购活动。

符合政府采购法第二十二条第一款规定条件的供应商可以在采购活动开始前加入供应商库。财政部门不得对供应商申请入库收取任何费用，不得利用供应商库进行地区和行业封锁。

采取采购人和评审专家书面推荐方式选择供应商的，采购人和评审专家应当各自出具书面推荐意见。采购人推荐供应商的比例不得高于推荐供应商总数的 50%。

7.《财政部关于推进和完善服务项目政府采购有关问题的通知》（财库〔2014〕37 号）（节选）

三、灵活开展服务项目政府采购活动

采购需求具有相对固定性、延续性且价格变化幅度小的服务项目，在年度预算能保障的前提下，采购人可以签订不超过三年履行期限的政府采购合同。

8.《中央预算单位变更政府采购方式审批管理办法》（财库〔2015〕36 号）（节选）

第二条　中央预算单位达到公开招标数额标准的货物、服务采购项目，需要采用公开招标以外采购方式的，应当在采购活动开始前，按照本办法规定申请变更政府采购方式。

本办法所称公开招标以外的采购方式，是指邀请招标、竞争性谈判、竞争性磋商、单一来源采购、询价以及财政部认定的其他采购方式。

第十三条 中央预算单位申请采用单一来源采购方式，符合政府采购法第三十一条第一项情形的，在向财政部提出变更申请前，经中央主管预算单位同意后，在中国政府采购网上进行公示，并将公示情况一并报财政部。

因采购任务涉及国家秘密需要变更为单一来源采购方式的，可不进行公示。

第十四条 中央预算单位申请变更为单一来源采购方式的申请前公示，公示期不得少于5个工作日，公示材料为单一来源采购征求意见公示文书和专业人员论证意见。因公开招标过程中提交投标文件或者经评审实质性响应招标文件要求的供应商只有一家时，申请采用单一来源采购方式的，公示材料还包括评审专家和代理机构分别出具的招标文件无歧视性条款、招标过程未受质疑相关意见材料。

单一来源采购征求意见公示文书内容应包括：中央预算单位、采购项目名称和内容；公示的期限；拟采购的唯一供应商名称；中央主管预算单位、财政部政府采购监管部门的联系地址、联系人和联系电话。

9.《财政部关于促进政府采购公平竞争优化营商环境的通知》（财库〔2019〕38号）（节选）

一、全面清理政府采购领域妨碍公平竞争的规定和做法

（二）除小额零星采购适用的协议供货、定点采购以及财政部另有规定的情形外，通过入围方式设置备选库、名录库、资格库作为参与政府采购活动的资格条件，妨碍供应商进入政府采购市场。

10.《关于开展政府采购备选库、名录库、资格库专项清理的通知》（财办库〔2021〕14号）（节选）

二、清理工作安排

（三）建立长效机制。专项清理工作结束后，各地财政部门要将设库情况纳入政府采购日常监督检查范围，发现一起，查处一起。对于确需

多家供应商承担的采购项目，要指导采购人在明确服务标准和定价原则等采购需求的前提下，根据业务性质、服务区域等要素，合理设置采购项目包，通过竞争择优，将相应采购业务明确到具体供应商。待《政府采购框架协议管理办法》正式印发后，符合条件的项目可采用政府采购框架协议方式采购。

11.《政府采购需求管理办法》（财库〔2021〕22号）（节选）

第九条　采购需求应当清楚明了、表述规范、含义准确。

技术要求和商务要求应当客观，量化指标应当明确相应等次，有连续区间的按照区间划分等次。需由供应商提供设计方案、解决方案或者组织方案的采购项目，应当说明采购标的的功能、应用场景、目标等基本要求，并尽可能明确其中的客观、量化指标。

采购需求可以直接引用相关国家标准、行业标准、地方标准等标准、规范，也可以根据项目目标提出更高的技术要求。

第十五条　采购人要根据采购项目实施的要求，充分考虑采购活动所需时间和可能影响采购活动进行的因素，合理安排采购活动实施时间。

第二十条　除法律法规规定可以在有限范围内竞争或者只能从唯一供应商处采购的情形外，一般采用公开方式邀请供应商参与政府采购活动。

12.《财政部关于做好政府采购框架协议采购工作有关问题的通知》（财库〔2022〕17号）（节选）

二、处理好集中采购相关问题的衔接。《办法》施行后，财政部关于协议供货、定点采购的规定不再执行，地方各级财政部门要对涉及协议供货、定点采购的制度规定进行清理规范。《办法》施行前订立的协议供货、定点采购协议，可以继续执行至期限届满。已实施批量集中采购的品目，按现有规定继续推进和完善批量集中采购工作。

13. 《关于印发〈中央行政单位通用办公设备家具配置标准〉的通知》（财资〔2016〕27号）（节选）

第五条　本标准包括资产品目、配置数量上限、价格上限、最低使用年限和性能要求等内容。

三、案例分析

（一）未合理安排采购活动实施时间

案情描述：

×××单位某物业管理服务采购项目，因未及时产生新中标供应商，需与原中标供应商延展服务期3个月。

点评分析：

采购人要根据采购项目实施的要求，充分考虑采购活动所需时间和可能影响采购活动进行的因素，合理安排采购活动实施时间。政府采购合同履行中，采购人需追加与合同标的相同的货物、工程或者服务的，在不改变合同其他条款的前提下，可以与供应商协商签订补充合同，但所有补充合同的采购金额不得超过原合同采购金额的百分之十。

依据：

《中华人民共和国政府采购法》第四十九条，《政府采购需求管理办法》（财库〔2021〕22号）第十五条。

（二）未按规定履行采购方式变更手续

>> **案例1**

案情描述：

×××单位某服务类采购项目预算240万元，采用竞争性磋商方式采购，但未履行变更采购方式的审批手续。

点评分析：

采购方式的选择应当符合法定适用情形和采购需求特点。其中，政府采购货物或服务项目单项采购金额达到200万元以上的，必须采用公开招标方式。因特殊情况需要采用公开招标以外的采购方式的，应当在采购活动开始前依法获得批准。

依据：

《中华人民共和国政府采购法》第二十七条，《政府采购竞争性磋商采购方式管理暂行办法》（财库〔2014〕214号）第四条，《中央预算单位变更政府采购方式审批管理办法》（财库〔2015〕36号）第二条。

>> **案例2**

案情描述：

×××单位某服务类采购项目预算300万元，采用单一来源采购方式采购，未进行公示。

点评分析：

只能从唯一供应商处采购且达到公开招标数额的货物、服务项目，拟采用单一来源采购方式的，采购人、代理机构在报财政部门批准之前应当在省级以上财政部门指定媒体公示，并将公示情况报财政部门。

依据：

《中华人民共和国政府采购法》第二十七条，《政府采购非招标采购方式管理办法》（财政部令第74号）第三十八条，《中央预算单位变更政府采购方式审批管理办法》（财库〔2015〕36号）第十三条、第十四条。

（三）未按政府采购方式及程序组织采购

案情描述：

×××单位某链路租用服务项目在中国招标投标公共服务平台上发布招标公告、进行中标候选人公示，代理机构在自建专家库中抽取评审专家，评分方法采用"综合评估法"。

点评分析：

《中华人民共和国政府采购法》有关招标文件编制、评标方法和评标标准制定、招标信息发布、评标专家抽取、中标信息发布等方面的规定均不同于《中华人民共和国招标投标法》。

在政府采购活动中，《中华人民共和国招标投标法》及其实施条例主要适用于通过招标方式采购的政府采购工程以及与工程建设相关的货物、服务。政府采购工程和与工程建设相关的货物、服务通过招标方式以外的方式采购的，以及与工程建设不相关的货物、服务的采购，都应适用《中华人民共和国政府采购法》及其实施条例、《政府采购货物和服务招标投标管理办法》等规定。

与工程建设不相关的货物和服务的采购未依照前述规定执行，而依据《中华人民共和国招标投标法》执行的，属于适用法律错误，违反了《中华人民共和国政府采购法》第二条第一款和第六十四条第一款的规定。

依据：

《中华人民共和国政府采购法》第二条、第六十四条，《中华人民共和国政府采购法实施条例》第七条。

（四）未根据项目特点选择采购方式

案情描述：

×××单位自行与供应商签订了2021～2026年房屋租赁合同，每年预算约180万元。

点评分析：

采购人应当按照预算支出标准和保障公共服务职能的原则，根据采购项目需求特点确定适合的采购方式。

达到采购限额标准，使用财政性资金租赁办公用房的，属于政府采购服务类采购项目。如果项目只能从唯一供应商处采购的，属于《中华人民共和国政府采购法》第三十一条规定的情形，可以采用单一来源方式采购。

依据：

《中华人民共和国政府采购法》第二条、第三十一条。

（五）未按规定执行追加和"一签三年"制度

案情描述：

①×××单位某物业管理和餐饮服务采购项目于2018年实施采购，2018年的合同总价款为460万元。合同期满后，采购人直接与原中标供应商分别续签2019年和2020年的采购合同，其中，2019年合同总价款为830万元，2020年合同总价款为1067万元。

②×××单位在2016~2018年政府采购服务合同到期后，未按规定重新履行采购程序，在2019~2021年逐年直接续签，其中2021年49.35万元。（注：审计问题）

③×××单位与2个项目的承接单位签订补充合同，增加采购金额共131.34万元，均超过原合同采购金额的10%。（注：审计问题）

点评分析：

政府采购合同履行中，采购人需追加与合同标的相同的货物、工程或者服务的，在不改变合同其他条款的前提下，可以与供应商协商签订补充合同，但所有补充合同的采购金额不得超过原合同采购金额的百分之十。

同时，对于采购需求具有相对固定性、延续性且价格变化幅度小的服务项目，在年度预算能保障的前提下，采购人可以签订不超过三年履行期限的政府采购合同。实践中，"价格变化幅度小"的认定标准参照追加金额不得超过原合同采购金额的百分之十执行。

需要注意的是，虽然《政府购买服务管理办法》（财政部令第102号）第二十四条也规定了"一签三年"，但政府采购服务与政府购买服务在服务内容、采购主体和购买主体、实现政策目标等方面均有不同，需要区别对待。

依据：

《中华人民共和国政府采购法》第四十九条，《财政部关于推进和完善服务项目政府采购有关问题的通知》（财库〔2014〕37号）第三部分，《政府购买服务管理办法》（财政部令第102号）第二十四条。

（六）违规设置供应商库

案情描述：

×××单位某服务类采购项目需确定3家成交供应商，共6家供应商参与。

点评分析：

采购人先建立供应商库再选择具体供应商，不符合政府采购法律制度规定，违反了政府采购公平竞争原则。对于确需多家供应商承担的采购项目，采购人应在明确服务标准和定价原则等采购需求的前提下，根据业务性质、服务区域等要素，合理设置采购项目包、兼投不兼中等条件，依照法定程序择优选择具体供应商，遵循量价对等的原则，将相应采购业务明确到具体供应商。

除小额零星采购适用的协议供货、定点采购以及财政部另有规定的情形外，不得通过入围方式设置备选库、名录库、资格库作为参与政府采购活动的资格条件，妨碍供应商进入政府采购市场。《政府采购框架协议管理办法》施行后，财政部关于协议供货、定点采购的规定不再执行，符合条件的项目可采用政府采购框架协议方式采购。

依据：

《财政部关于促进政府采购公平竞争优化营商环境的通知》（财库〔2019〕38号）第一部分，《关于开展政府采购备选库、名录库、资格库专项清理的通知》（财办库〔2021〕14号）第二部分，《财政部关于做好政府采购框架协议采购工作有关问题的通知》（财库〔2022〕17号）第二部分。

（七）供应商产生方式不合规

案情描述：

①×××单位某竞争性磋商采购项目，参与磋商的4家供应商均由采购人推荐产生。

②×××单位在2020~2021年违规与不具备承接资格的单位签订委

托培训等协议，涉及金额 113.16 万元。（注：审计问题）

点评分析：

采购人应通过发布公告、从省级以上财政部门建立的供应商库中随机抽取或者采购人和评审专家分别书面推荐的方式邀请不少于 3 家符合相应资格条件的供应商参与采购活动。目前，财政部尚未建立供应商库，中央预算单位的采购人可采用另外 2 种方式选择供应商。

如果采用采购人和评审专家书面推荐方式选择供应商的，采购人和评审专家应当各自出具书面推荐意见，且采购人推荐供应商的比例不得高于推荐供应商总数的 50%。

依据：

《政府采购竞争性磋商采购方式管理暂行办法》（财库〔2014〕214 号）第六条，《政府采购需求管理办法》（财库〔2021〕22 号）第二十条。

（八）限制联合体投标

案情描述：

×××单位某采购项目采购标的包括"物业管理和餐饮服务"，但不接受联合体投标。

点评分析：

政府采购引入联合体的一个主要原因在于，当一个供应商难以独立完成采购项目时，允许供应商组成联合体共同参与，可达到优势互补的目的，以保障采购质量。对于不同品目项目的采购，采购人应允许供应商以联合体的形式进行投标，或者分包采购。

依据：

《中华人民共和国政府采购法》第二十二条第二款，《中华人民共和国政府采购法实施条例》第二十条。

（九）采购需求不明确、不完整

案情描述：

①×××单位某项目采购文件规定"提供特色体检服务项目，每一

项得 4 分，最多得 16 分"，但采购需求未明确"特色服务"。

②×××单位在 2019～2021 年的预算绩效目标设定不合理，12 个项目的指标设置不完整，32 个项目超过 50% 的指标未量化，20 个项目的 38 个指标设定值明显低于实际完成情况。（注：审计问题）

点评分析：

编报预算时，应当合理设置项目目标，细化、量化设置项目指标。明确合理的目标，细化、量化的指标，是编制政府采购需求，实现政府采购目标的基础。

采购人应当在目标性需求基础上形成具体的功能性需求，并进一步细化为技术需求，确保采购需求完整、明确，以便供应商进行响应并报价。同时，采购人在编制采购文件时应注意评审因素与采购需求的关系，评审因素的设定应与相应的商务条件和采购需求对应，并进行竞争性审查。

依据：

《政府采购货物和服务招标投标管理办法》（财政部令第 87 号）第十一条、第五十五条第三款，《政府采购需求管理办法》（财库〔2021〕22 号）第九条。

（十）采购需求不合理

案情描述：

×××单位超标准配备办公设备，涉及金额 2008.55 万元。（注：审计问题）

点评分析：

采购需求应当符合预算标准、资产配置标准等有关规定，厉行节约，不得超标准采购。采购人应当对采购标的的市场技术或者服务水平、供应、价格等情况进行市场调查，根据调查情况、资产配置标准等科学、合理地确定采购需求，进行价格测算。

依据：

《中华人民共和国政府采购法实施条例》第五十九条，《政府采购货物和服务招标投标管理办法》（财政部令第87号）第十条，《关于印发〈中央行政单位通用办公设备家具配置标准〉的通知》（财资〔2016〕27号）第五条。

四、工作指引

政府采购需求管理，是指采购人组织确定采购需求和编制采购实施计划，并实施相关风险控制管理的活动。采购人对采购需求管理各项工作负有主体责任，应按照《政府采购需求管理办法》的规定做好采购需求确定和采购实施计划编制，确保其符合法律法规、政府采购政策和国家有关规定，符合国家强制性标准。

采购人应当按照《政府采购需求管理办法》规定将为实现项目目标的所有技术、商务要求列入采购需求范围，确保采购需求清楚明了、表述规范、含义准确，合理安排采购时间、明确分包要求、选择采购方式和评审方法、拟定合同条款、确定验收方案。同时，不得以不合理条件对供应商实行差别待遇或歧视待遇，不得设置或变相设置障碍妨碍供应商进入政府采购市场，确保采购活动公平公开。

采购人在采购需求管理中，应当执行政府采购政策，实现政府采购支持经济社会发展目标。包括落实强制采购和优先采购政策，支持节能环保（绿色）产品；落实预留采购份额和价格评审优惠政策，促进和扶持中小企业等；贯彻落实国家支持重大技术装备和创新产品首购、订购政策等。

采购人要切实履行在采购活动中的主体责任，将采购需求管理作为政府采购内控管理的重要内容，建立健全采购需求管理制度，加强对采购需求的形成和实现过程的内部控制和风险管理，并进行非歧视性审查，避免出现指定特定产品的问题。

实践中，对于"一签三年"的服务类政府采购项目，采购人应当事先在采购意向公开、采购文件和合同中明确，在采购需求相对固定、价格变化幅度较小，且年度预算能够保障的前提下，采购人可以和供应商续签不超过 2 年履行期限的政府采购合同，而非一次性签订 3 年履行期限的政府采购合同。对于此类项目，应当依据当年的预算开展采购活动，并在合同中明确续签合同的条件和不再续签的情形，如果合同履行第二年供应商发生重大变故或者未能按合同约定履约，第三年可以终止采购合同。

第三章　采购意向公开

一、工作原则

做好采购意向公开工作有助于提高政府采购透明度，方便供应商提前了解政府采购信息，对于保障各类市场主体平等参与政府采购活动，提升采购绩效，防范抑制腐败具有重要作用。预算单位是采购意向公开的责任主体，应确保公开信息的真实性和完整性。

各级预算单位要以采购需求为前提，按照资金支出用途、标准和绩效目标完整编制政府采购预算。各级预算单位要加强采购活动的计划性，以"二上"部门预算安排为依据，提前开展市场调查，研究确定初步采购需求，确保按要求及时、全面公开采购意向，同时做好已公开采购意向的咨询答复工作。

各级主管预算单位要做好统筹协调工作，及时安排部署，加强对本部门所属预算单位的督促和指导，确保所属预算单位严格按规定时间和内容公开采购意向，并按要求汇总本部门、本系统所有预算单位的采购意向后公开，确保采购意向公开不遗漏、不延误。

预算单位应当按要求公开采购意向。未公开采购意向的采购项目，不得开展后续采购活动。

二、相关规定汇总

《财政部关于开展政府采购意向公开工作的通知》（财库〔2020〕10号）（节选）

四、关于采购意向公开的内容

采购意向按采购项目公开。除以协议供货、定点采购方式实施的小额零星采购和由集中采购机构统一组织的批量集中采购外，按项目实施的集中采购目录以内或者采购限额标准以上的货物、工程、服务采购均应当公开采购意向。

采购意向公开的内容应当包括采购项目名称、采购需求概况、预算金额、预计采购时间等，政府采购意向公开参考文本见附件。其中，采购需求概况应当包括采购标的名称，采购标的需实现的主要功能或者目标，采购标的数量，以及采购标的需满足的质量、服务、安全、时限等要求。采购意向应当尽可能清晰完整，便于供应商提前做好参与采购活动的准备。采购意向仅作为供应商了解各单位初步采购安排的参考，采购项目实际采购需求、预算金额和执行时间以预算单位最终发布的采购公告和采购文件为准。

五、关于采购意向公开的依据和时间

采购意向由预算单位定期或者不定期公开。部门预算批复前公开的采购意向，以部门预算"二上"内容为依据；部门预算批复后公开的采购意向，以部门预算为依据。预算执行中新增采购项目应当及时公开采购意向。采购意向公开时间应当尽量提前，原则上不得晚于采购活动开始前30日公开采购意向。因预算单位不可预见的原因急需开展的采购项目，可不公开采购意向。

三、案例分析

（一）未公开发布采购意向

案情描述：

×××单位出版服务采购项目未公开发布采购意向。

点评分析：

除了以协议供货、定点采购方式实施的小额零星采购和由集中采购机构统一组织的批量集中采购，按项目实施的集中采购目录以内或者采购限额标准以上的货物、工程、服务采购均应当公开采购意向（因预算单位不可预见的原因急需开展的采购项目，可不公开采购意向）。

依据：

《财政部关于开展政府采购意向公开工作的通知》（财库〔2020〕10号）第四部分、第五部分。

（二）采购意向公开内容不规范

案情描述：

×××单位发布的采购意向公开为两个项目，但在招标时将两个项目合并为一个项目的两个采购包，并与两个中标供应商分别签订采购合同。

点评分析：

采购意向公开的内容应当包括采购项目名称、采购需求概况、预算金额、预计采购时间等。采购意向应当尽可能清晰完整，便于供应商提前做好参与采购活动的准备。

依据：

《财政部关于开展政府采购意向公开工作的通知》（财库〔2020〕10号）第四部分。

（三）采购意向公开期限不合规

案情描述：

×××单位网络设备维护服务项目于2021年2月20日发布采购意向，于2021年2月25日发布招标公告。

点评分析：

采购意向公开时间应当尽量提前，原则上不得晚于采购活动开始前30日公开采购意向。

依据：

《财政部关于开展政府采购意向公开工作的通知》（财库〔2020〕10号）第五部分。

四、工作指引

推进采购意向公开是优化政府采购营商环境的重要举措。对于提高政府采购透明度，方便供应商提前了解政府采购信息，保障各类市场主体平等参与政府采购活动，提升采购绩效，防范抑制腐败具有重要作用。

《财政部关于开展政府采购意向公开工作的通知》（财库〔2020〕10号）要求："原则上不得晚于采购活动开始前30日公开采购意向"，这意味着采购之前需要进行30日的意向公开。从立法理念来说，采购意向公开时间应当尽量提前，采购意向公开并非一定要等预算批复了才可以公开：部门预算批复前公开的采购意向，以部门预算"二上"内容为依据；部门预算批复后公开的采购意向，以部门预算为依据。主管预算单位还可以汇总本部门、本系统所属预算单位的采购意向集中公开。因此，把采购意向公开视为"变相延长采购程序，降低采购效率，没有减负、反而加负"是错误的。原则上讲，部门预算下达后的一个月内即可公开采购意向信息。

实践中应注意，虽然《财政部关于开展政府采购意向公开工作的通知》（财库〔2020〕10号）"关于采购意向公开的时间"中规定："因预算单位不可预见的原因急需开展的采购项目，可不公开采购意向"。但为了保证采购意向信息公开工作落到实处，"不可预见"情况应与《中华人民共和国政府采购法》及其实施条例的解释相一致。采购人不可滥用该条款而规避公开采购意向信息。如果因采购人的采购经办人员变动，导致的"因人废事"，即不属于上述规定的情形，会严重耽误采购活动的后续开展。

采购活动管理

第四章　委托代理机构

一、工作原则

采购人可以自行选择代理机构，但并不意味着采购人可以随意指定代理机构。通常来说，采购人内部还须有一个指定代理机构的规范与程序，这是规范政府采购全流程的重要环节。虽然指定代理机构是一非政府采购行为，有时代理费由中标供应商支付。但是，指定代理商是一个产生利益的活动。因此，采购人的行为会造成不同的招标代理商产生利润，所以，采购人指定招标代理的行为应该受到采购人内部规范的约束与监督。

在国家"放管服"大背景下，政府采购代理机构资格认定行政许可取消，代理机构实行名录登记管理。代理市场放开后，政府采购代理机构数量迅速增长，竞争越来越激烈，负面效应也显现出来。采购人应当择优选用代理机构，综合考量代理机构的报价、业务能力、质疑处理能力、服务方案、廉政建设以及是否有被相关机构处罚等情况，对代理机构实行专业分类、动态管理，加大代理机构间的良性竞争，真正选出优质、优价的代理机构进行代理服务。

二、相关规定汇总

1.《中华人民共和国政府采购法》（节选）

第二十条　采购人依法委托采购代理机构办理采购事宜的，应当由采购人与采购代理机构签订委托代理协议，依法确定委托代理的事项，约定双方的权利义务。

2.《中华人民共和国政府采购法实施条例》（节选）

第十六条 政府采购法第二十条规定的委托代理协议，应当明确代理采购的范围、权限和期限等具体事项。

采购人和采购代理机构应当按照委托代理协议履行各自义务，采购代理机构不得超越代理权限。

3.《政府采购代理机构管理暂行办法》（财库〔2018〕2号）（节选）

第十三条 代理机构受采购人委托办理采购事宜，应当与采购人签订委托代理协议，明确采购代理范围、权限、期限、档案保存、代理费用收取方式及标准、协议解除及终止、违约责任等具体事项，约定双方权利义务。

三、案例分析

（一）未签订委托代理协议

案情描述：

×××单位政府采购项目委托社会代理机构采购，但未签订委托代理协议。

点评分析：

采购人依法委托采购代理机构办理采购事宜的，应当由采购人与采购代理机构签订委托代理协议。

依据：

《中华人民共和国政府采购法》第二十条，《政府采购代理机构管理暂行办法》（财库〔2018〕2号）第十三条。

（二）委托代理协议内容不全

案情描述：

×××单位签订的委托代理协议内容不全，委托代理协议中未见明确采购代理范围、权限、期限、档案保存、代理费用收取方式及标准、协议解除及终止、违约责任等具体事项。

点评分析：

采购人应当按照政府采购相关法律法规规定，完善委托代理协议范本，明确采购人和代理机构的权利、义务。

依据：

《中华人民共和国政府采购法实施条例》第十六条，《政府采购代理机构管理暂行办法》（财库〔2018〕2号）第十三条。

四、工作指引

采购人依法委托采购代理机构办理采购事宜的，应当由采购人与采购代理机构签订委托代理协议，采购人可根据自身情况签订框架协议或单独项目委托协议，依法确定委托代理的事项，约定双方的权利义务。

委托代理协议应明确采购代理范围、权限、期限、档案保存及移交、代理费用收取方式及标准、协议解除及终止、双方权利义务、违约责任等具体事项。主要内容包括：采购项目的基本情况；采购范围和方式；采购需求制定；公告发布；采购文件的编制、发售和澄清；接收响应文件，组织评审以及确定成交供应商；签订合同；履约验收；答复质疑、投诉；违约责任；纠纷解决途径等。

此外，采购人需向代理机构明确：除代理服务费外，招标文件不得要求中标人支付任何没有法定依据的费用（如采购项目前期费、整体设计费、规范编制或者项目管理、监理、检测等服务费用）。

需要注意的是，由采购人承担的法律责任，不因委托而转移，采购人应强化落实采购活动的主体责任。

第五章　编制采购文件

一、工作原则

规范政府采购项目采购文件的编制，可以减少质疑和投诉，促进政府采购公平交易，优化营商环境，提高政府采购质量和效率。采购人、代理机构在编制采购文件时应遵循以下五项原则。

一是采购文件前后一致并完整。政府采购项目信息包括采购文件（招标公告、澄清公告、招标文件等）、现场踏勘等。编制采购文件时，一方面应确保采购文件内容的一致性，如招标公告的开标日期是 N 日，招标文件的开标日期也应是 N 日。另一方面，应保证采购文件内容的完整性，如招标公告明确供应商应具备系统集成一级资质，招标文件却遗漏了，这是招标文件不完整的体现。

二是条件设定合情合法。在政府采购活动中，对供应商的资格、技术、商务条件等提出要求，是为了确保采购人买到物有所值的货物、服务和工程，同时也是甄别和考察供应商是否具备履行政府采购合同能力的重要手段。一方面，资格、技术、商务条件的设置要力求准确无瑕疵，不得将已取消或失效的资质条件作为供应商的准入门槛，也不能将供应商的规模条件设定为门槛。另一方面，资格、技术、商务条件的设置要有针对性，即与购买的货物、服务和工程要存在一定的客观因果关系。

三是业绩、奖项加分不走偏。一方面，以特定行业业绩、奖项作为评分或加分因素，是《中华人民共和国政府采购法实施条例》所禁止的。

另一方面，政府采购项目本身具有特殊性，需要在业绩和奖项上对供应商提出一定的要求，这是法律允许的，不能"一刀切"。

四是慎用不可替代性条件。除单一来源采购方式外，其他采购方式均应遵守《中华人民共和国政府采购法实施条例》第二十条第六款的规定。一方面，慎用专利证书、商标。"专利"即专有的利益和权利。非专利权人想使用他人的专利技术，必须依法征得专利权人的授权或许可。专利证书的唯一性，势必带来一种明显的倾向性。商标是通过确保商标注册人享有用以标明的商品或服务，或者许可他人使用以获取报酬的专用权。这是它与专利权所具有的共性，招标文件明确写明要某商标，也是有严重倾向性的行为。另一方面，慎提品牌名称。品牌具有抽象、特有、能识别等特征，属于无形资产，与专利、商标一样都具有不可替代性。

五是平等对待合法主体。一方面，根据我国法律规定，无论是公有制、私有制还是混合所有制企业，无论是法人、其他组织，还是自然人组成的供应商，都是我国社会主义市场经济的合法主体，应平等对待。因此，招标文件中，切忌将所有制、组织形式作为资格条件、商务条件和技术条件。另一方面，在评分项中，采购人以本地服务需要为由，将供应商具有项目本地工商登记证明作为加分项，严格地说，也与《中华人民共和国政府采购法实施条例》相冲突。

二、相关规定汇总

（一）违规设置资格条件、评审因素

1. 《中华人民共和国政府采购法》（节选）

第二十二条 （第二款）采购人可以根据采购项目的特殊要求，规定供应商的特定条件，但不得以不合理的条件对供应商实行差别待遇或者歧视待遇。

2. 《中华人民共和国中小企业促进法》（节选）

第四十条 （第三款）政府采购不得在企业股权结构、经营年限、

经营规模和财务指标等方面对中小企业实行差别待遇或者歧视待遇。

3.《中华人民共和国政府采购法实施条例》（节选）

第二十条　采购人或者采购代理机构有下列情形之一的，属于以不合理的条件对供应商实行差别待遇或者歧视待遇：

（一）就同一采购项目向供应商提供有差别的项目信息；

（二）设定的资格、技术、商务条件与采购项目的具体特点和实际需要不相适应或者与合同履行无关；

（三）采购需求中的技术、服务等要求指向特定供应商、特定产品；

（四）以特定行政区域或者特定行业的业绩、奖项作为加分条件或者中标、成交条件；

（五）对供应商采取不同的资格审查或者评审标准；

（六）限定或者指定特定的专利、商标、品牌或者供应商；

（七）非法限定供应商的所有制形式、组织形式或者所在地；

（八）以其他不合理条件限制或者排斥潜在供应商。

4.《政府采购货物和服务招标投标管理办法》（财政部令第87号）（节选）

第十七条　采购人、采购代理机构不得将投标人的注册资本、资产总额、营业收入、从业人员、利润、纳税额等规模条件作为资格要求或者评审因素，也不得通过将除进口货物以外的生产厂家授权、承诺、证明、背书等作为资格要求，对投标人实行差别待遇或者歧视待遇。

第二十五条　招标文件、资格预审文件的内容不得违反法律、行政法规、强制性标准、政府采购政策，或者违反公开透明、公平竞争、公正和诚实信用原则。

有前款规定情形，影响潜在投标人投标或者资格预审结果的，采购人或者采购代理机构应当修改招标文件或者资格预审文件后重新招标。

第五十五条　（第二款）评审因素的设定应当与投标人所提供货物服务的质量相关，包括投标报价、技术或者服务水平、履约能力、售后服务等。资格条件不得作为评审因素。评审因素应当在招标文件中规定。

5.《政府采购促进中小企业发展管理办法》（财库〔2020〕46号）
（节选）

第五条　采购人在政府采购活动中应当合理确定采购项目的采购需求，不得以企业注册资本、资产总额、营业收入、从业人员、利润、纳税额等规模条件和财务指标作为供应商的资格要求或者评审因素，不得在企业股权结构、经营年限等方面对中小企业实行差别待遇或者歧视待遇。

（二）评审因素未细化量化

1.《中华人民共和国政府采购法实施条例》（节选）

第三十四条　政府采购招标评标方法分为最低评标价法和综合评分法。

最低评标价法，是指投标文件满足招标文件全部实质性要求且投标报价最低的供应商为中标候选人的评标方法。综合评分法，是指投标文件满足招标文件全部实质性要求且按照评审因素的量化指标评审得分最高的供应商为中标候选人的评标方法。

技术、服务等标准统一的货物和服务项目，应当采用最低评标价法。

采用综合评分法的，评审标准中的分值设置应当与评审因素的量化指标相对应。

招标文件中没有规定的评标标准不得作为评审的依据。

2.《政府采购货物和服务招标投标管理办法》（财政部令第87号）
（节选）

第五十五条　（第三款）评审因素应当细化和量化，且与相应的商务条件和采购需求对应。商务条件和采购需求指标有区间规定的，评审因素应当量化到相应区间，并设置各区间对应的不同分值。

3.《政府采购需求管理办法》（财库〔2021〕22号）（节选）

第二十一条　采用综合性评审方法的，评审因素应当按照采购需求和与实现项目目标相关的其他因素确定。

采购需求客观、明确的采购项目，采购需求中客观但不可量化的指标应当作为实质性要求，不得作为评分项；参与评分的指标应当是采购需求中的量化指标，评分项应当按照量化指标的等次，设置对应的不同分值。不能完全确定客观指标，需由供应商提供设计方案、解决方案或者组织方案的采购项目，可以结合需求调查的情况，尽可能明确不同技术路线、组织形式及相关指标的重要性和优先级，设定客观、量化的评审因素、分值和权重。价格因素应当按照相关规定确定分值和权重。

采购项目涉及后续采购的，如大型装备等，要考虑兼容性要求。可以要求供应商报出后续供应的价格，以及后续采购的可替代性、相关产品和估价，作为评审时考虑的因素。

需由供应商提供设计方案、解决方案或者组织方案，且供应商经验和能力对履约有直接影响的，如订购、设计等采购项目，可以在评审因素中适当考虑供应商的履约能力要求，并合理设置分值和权重。需由供应商提供设计方案、解决方案或者组织方案，采购人认为有必要考虑全生命周期成本的，可以明确使用年限，要求供应商报出安装调试费用、使用期间能源管理、废弃处置等全生命周期成本，作为评审时考虑的因素。

（三）未落实政府采购政策

1. 《中华人民共和国政府采购法》（节选）

第九条　政府采购应当有助于实现国家的经济和社会发展政策目标，包括保护环境，扶持不发达地区和少数民族地区，促进中小企业发展等。

2. 《中华人民共和国政府采购法实施条例》（节选）

第六条　国务院财政部门应当根据国家的经济和社会发展政策，会同国务院有关部门制定政府采购政策，通过制定采购需求标准、预留采购份额、价格评审优惠、优先采购等措施，实现节约能源、保护环境、扶持不发达地区和少数民族地区、促进中小企业发展等目标。

第七条 （第三款）政府采购工程以及与工程建设有关的货物、服务，应当执行政府采购政策。

第十一条 （第一款）采购人在政府采购活动中应当维护国家利益和社会公共利益，公正廉洁，诚实守信，执行政府采购政策，建立政府采购内部管理制度，厉行节约，科学合理确定采购需求。

第十五条 采购人、采购代理机构应当根据政府采购政策、采购预算、采购需求编制采购文件。

采购需求应当符合法律法规以及政府采购政策规定的技术、服务、安全等要求。政府向社会公众提供的公共服务项目，应当就确定采购需求征求社会公众的意见。除因技术复杂或者性质特殊，不能确定详细规格或者具体要求外，采购需求应当完整、明确。必要时，应当就确定采购需求征求相关供应商、专家的意见。

3.《政府采购货物和服务招标投标管理办法》（财政部令第87号）（节选）

第五条 采购人应当在货物服务招标投标活动中落实节约能源、保护环境、扶持不发达地区和少数民族地区、促进中小企业发展等政府采购政策。

第十一条 采购需求应当完整、明确，包括以下内容：

（一）采购标的需实现的功能或者目标，以及为落实政府采购政策需满足的要求；

（二）采购标的需执行的国家相关标准、行业标准、地方标准或者其他标准、规范；

（三）采购标的需满足的质量、安全、技术规格、物理特性等要求；

（四）采购标的的数量、采购项目交付或者实施的时间和地点；

（五）采购标的需满足的服务标准、期限、效率等要求；

（六）采购标的的验收标准；

（七）采购标的的其他技术、服务等要求。

第二十五条 招标文件、资格预审文件的内容不得违反法律、行政法规、强制性标准、政府采购政策，或者违反公开透明、公平竞争、公正和诚实信用原则。

有前款规定情形，影响潜在投标人投标或者资格预审结果的，采购人或者采购代理机构应当修改招标文件或者资格预审文件后重新招标。

4.《政府采购促进中小企业发展管理办法》（财库〔2020〕46号）（节选）

第三条　采购人在政府采购活动中应当通过加强采购需求管理，落实预留采购份额、价格评审优惠、优先采购等措施，提高中小企业在政府采购中的份额，支持中小企业发展。

5.《关于调整优化节能产品、环境标志产品政府采购执行机制的通知》（财库〔2019〕9号）

6.《关于印发环境标志产品政府采购品目清单的通知》（财库〔2019〕18号）

7.《关于印发节能产品政府采购品目清单的通知》（财库〔2019〕19号）

（四）采购文件内容不合规

1.《中华人民共和国政府采购法》（节选）

第十三条　各级人民政府财政部门是负责政府采购监督管理的部门，依法履行对政府采购活动的监督管理职责。

各级人民政府其他有关部门依法履行与政府采购活动有关的监督管理职责。

第二十二条　供应商参加政府采购活动应当具备下列条件：

（一）具有独立承担民事责任的能力；

（二）具有良好的商业信誉和健全的财务会计制度；

（三）具有履行合同所必需的设备和专业技术能力；

（四）有依法缴纳税收和社会保障资金的良好记录；

（五）参加政府采购活动前三年内，在经营活动中没有重大违法记录；

（六）法律、行政法规规定的其他条件。

采购人可以根据采购项目的特殊要求，规定供应商的特定条件，但不得以不合理的条件对供应商实行差别待遇或者歧视待遇。

第四十六条　采购人与中标、成交供应商应当在中标、成交通知书发出之日起三十日内，按照采购文件确定的事项签订政府采购合同。

中标、成交通知书对采购人和中标、成交供应商均具有法律效力。中标、成交通知书发出后，采购人改变中标、成交结果的，或者中标、成交供应商放弃中标、成交项目的，应当依法承担法律责任。

2.《中华人民共和国政府采购法实施条例》（节选）

第二十条　采购人或者采购代理机构有下列情形之一的，属于以不合理的条件对供应商实行差别待遇或者歧视待遇：

（一）就同一采购项目向供应商提供有差别的项目信息；

（二）设定的资格、技术、商务条件与采购项目的具体特点和实际需要不相适应或者与合同履行无关；

（三）采购需求中的技术、服务等要求指向特定供应商、特定产品；

（四）以特定行政区域或者特定行业的业绩、奖项作为加分条件或者中标、成交条件；

（五）对供应商采取不同的资格审查或者评审标准；

（六）限定或者指定特定的专利、商标、品牌或者供应商；

（七）非法限定供应商的所有制形式、组织形式或者所在地；

（八）以其他不合理条件限制或者排斥潜在供应商。

第三十二条　采购人或者采购代理机构应当按照国务院财政部门制定的招标文件标准文本编制招标文件。

招标文件应当包括采购项目的商务条件、采购需求、投标人的资格条件、投标报价要求、评标方法、评标标准以及拟签订的合同文本等。

第三十三条　招标文件要求投标人提交投标保证金的，投标保证金不得超过采购项目预算金额的 2% 。投标保证金应当以支票、汇票、本票或者金融机构、担保机构出具的保函等非现金形式提交。投标人未按照招标文件要求提交投标保证金的，投标无效。

采购人或者采购代理机构应当自中标通知书发出之日起 5 个工作日内退还未中标供应商的投标保证金，自政府采购合同签订之日起 5 个工作日内退还中标供应商的投标保证金。

竞争性谈判或者询价采购中要求参加谈判或者询价的供应商提交保证金的，参照前两款的规定执行。

第三十四条　政府采购招标评标方法分为最低评标价法和综合评分法。

最低评标价法，是指投标文件满足招标文件全部实质性要求且投标报价最低的供应商为中标候选人的评标方法。综合评分法，是指投标文件满足招标文件全部实质性要求且按照评审因素的量化指标评审得分最高的供应商为中标候选人的评标方法。

技术、服务等标准统一的货物和服务项目，应当采用最低评标价法。

采用综合评分法的，评审标准中的分值设置应当与评审因素的量化指标相对应。

招标文件中没有规定的评标标准不得作为评审的依据。

3. 《政府采购货物和服务招标投标管理办法》（财政部令第 87 号）（节选）

第二十条　（第一款）采购人或者采购代理机构应当根据采购项目的特点和采购需求编制招标文件。招标文件应当包括以下主要内容：

（一）投标邀请；

（二）投标人须知（包括投标文件的密封、签署、盖章要求等）；

（三）投标人应当提交的资格、资信证明文件；

（四）为落实政府采购政策，采购标的需满足的要求，以及投标人须提供的证明材料；

（五）投标文件编制要求、投标报价要求和投标保证金交纳、退还方式以及不予退还投标保证金的情形；

（六）采购项目预算金额，设定最高限价的，还应当公开最高限价；

（七）采购项目的技术规格、数量、服务标准、验收等要求，包括附件、图纸等；

（八）拟签订的合同文本；

（九）货物、服务提供的时间、地点、方式；

（十）采购资金的支付方式、时间、条件；

（十一）评标方法、评标标准和投标无效情形；

（十二）投标有效期；

（十三）投标截止时间、开标时间及地点；

（十四）采购代理机构代理费用的收取标准和方式；

（十五）投标人信用信息查询渠道及截止时点、信用信息查询记录和证据留存的具体方式、信用信息的使用规则等；

（十六）省级以上财政部门规定的其他事项。

第二十九条　采购人、采购代理机构在发布招标公告、资格预审公告或者发出投标邀请书后，除因重大变故采购任务取消情况外，不得擅自终止招标活动。

终止招标的，采购人或者采购代理机构应当及时在原公告发布媒体上发布终止公告，以书面形式通知已经获取招标文件、资格预审文件或者被邀请的潜在投标人，并将项目实施情况和采购任务取消原因报告本级财政部门。已经收取招标文件费用或者投标保证金的，采购人或者采购代理机构应当在终止采购活动后 5 个工作日内，退还所收取的招标文件费用和所收取的投标保证金及其在银行产生的孳息。

第五十五条　（第二款）评审因素的设定应当与投标人所提供货物服务的质量相关，包括投标报价、技术或者服务水平、履约能力、售后服务等。资格条件不得作为评审因素。评审因素应当在招标文件中规定。

第五十五条　（第三款）评审因素应当细化和量化，且与相应的商务条件和采购需求对应。商务条件和采购需求指标有区间规定的，评审因素应当量化到相应区间，并设置各区间对应的不同分值。

第五十五条 （第六款）价格分应当采用低价优先法计算，即满足招标文件要求且投标价格最低的投标报价为评标基准价，其价格分为满分。其他投标人的价格分统一按照下列公式计算：

投标报价得分 = （评标基准价/投标报价）×100

评标总得分 = $F_1 \times A_1 + F_2 \times A_2 + \cdots\cdots + F_n \times A_n$

F_1、$F_2\cdots\cdots F_n$ 分别为各项评审因素的得分；

A_1、$A_2\cdots\cdots A_n$ 分别为各项评审因素所占的权重（$A_1 + A_2 + \cdots\cdots + A_n = 1$）。[①]

第七十一条 采购人应当自中标通知书发出之日起30日内，按照招标文件和中标人投标文件的规定，与中标人签订书面合同。所签订的合同不得对招标文件确定的事项和中标人投标文件作实质性修改。

采购人不得向中标人提出任何不合理的要求作为签订合同的条件。

4.《政府采购非招标采购方式管理办法》（财政部令第74号）（节选）

第十九条 采购人与成交供应商应当在成交通知书发出之日起30日内，按照采购文件确定的合同文本以及采购标的、规格型号、采购金额、采购数量、技术和服务要求等事项签订政府采购合同。

采购人不得向成交供应商提出超出采购文件以外的任何要求作为签订合同的条件，不得与成交供应商订立背离采购文件确定的合同文本以及采购标的、规格型号、采购金额、采购数量、技术和服务要求等实质性内容的协议。

5.《政府采购竞争性磋商采购方式管理暂行办法》（财库〔2014〕214号）（节选）

第三十条 采购人与成交供应商应当在成交通知书发出之日起30日内，按照磋商文件确定的合同文本以及采购标的、规格型号、采购金额、

---

① 此处应为"评标总得分 = $F_1 \times A_1 + F_2 \times A_2 + \cdots + F_n \times A_n$

F_1、$F_2\cdots F_n$ 分别为各项评审因素的得分；A_1、$A_2\cdots A_n$ 分别为各项评审因素所占的权重（$A_1 + A_2 + \cdots + A_n = 1$）。"原文如此，不作修改。——编辑注

采购数量、技术和服务要求等事项签订政府采购合同。

采购人不得向成交供应商提出超出磋商文件以外的任何要求作为签订合同的条件，不得与成交供应商订立背离磋商文件确定的合同文本以及采购标的、规格型号、采购金额、采购数量、技术和服务要求等实质性内容的协议。

6.《政府采购需求管理办法》（财库〔2021〕22 号）（节选）

第二十三条　合同文本应当包含法定必备条款和采购需求的所有内容，包括但不限于标的名称，采购标的质量、数量（规模），履行时间（期限）、地点和方式，包装方式，价款或者报酬、付款进度安排、资金支付方式，验收、交付标准和方法，质量保修范围和保修期，违约责任与解决争议的方法等。

采购项目涉及采购标的的知识产权归属、处理的，如订购、设计、定制开发的信息化建设项目等，应当约定知识产权的归属和处理方式。采购人可以根据项目特点划分合同履行阶段，明确分期考核要求和对应的付款进度安排。对于长期运行的项目，要充分考虑成本、收益以及可能出现的重大市场风险，在合同中约定成本补偿、风险分担等事项。

合同权利义务要围绕采购需求和合同履行设置。国务院有关部门依法制定了政府采购合同标准文本的，应当使用标准文本。属于本办法第十一条规定范围的采购项目，合同文本应当经过采购人聘请的法律顾问审定。

7.《中央预算单位批量集中采购管理暂行办法》（财库〔2013〕109 号）（节选）

第九条　集中采购机构应当根据采购文件约定，督促供应商在中标通知公告发出后二十个工作日内，将中标产品送到中央预算单位指定地点。应当统一协调处理合同签订、产品送达、产品验收及款项支付等履约过程中出现的问题，分清责任。对于中央预算单位在验收书上或书面反映的产品质量、服务问题，应当及时组织核查或第三方检测机构检测，并按采购文件及有关合同的约定追究中标供应商赔偿责任。

8.《财政部关于〈中华人民共和国政府采购法实施条例〉第十九条第一款"较大数额罚款"具体适用问题的意见》（财库〔2022〕3号）（节选）

《中华人民共和国政府采购法实施条例》第十九条第一款规定的"较大数额罚款"认定为200万元以上的罚款，法律、行政法规以及国务院有关部门明确规定相关领域"较大数额罚款"标准高于200万元的，从其规定。

（五）采购文件存在瑕疵

1.《中华人民共和国政府采购法》（节选）

第二条　在中华人民共和国境内进行的政府采购适用本法。

本法所称政府采购，是指各级国家机关、事业单位和团体组织，使用财政性资金采购依法制定的集中采购目录以内的或者采购限额标准以上的货物、工程和服务的行为。

政府集中采购目录和采购限额标准依照本法规定的权限制定。

本法所称采购，是指以合同方式有偿取得货物、工程和服务的行为，包括购买、租赁、委托、雇用等。

本法所称货物，是指各种形态和种类的物品，包括原材料、燃料、设备、产品等。

本法所称工程，是指建设工程，包括建筑物和构筑物的新建、改建、扩建、装修、拆除、修缮等。

本法所称服务，是指除货物和工程以外的其他政府采购对象。

第四条　政府采购工程进行招标投标的，适用招标投标法。

2.《中华人民共和国政府采购法实施条例》（节选）

第七条　政府采购工程以及与工程建设有关的货物、服务，采用招标方式采购的，适用《中华人民共和国招标投标法》及其实施条例；采用其他方式采购的，适用政府采购法及本条例。

前款所称工程，是指建设工程，包括建筑物和构筑物的新建、改建、扩建及其相关的装修、拆除、修缮等；所称与工程建设有关的货物，是指构成工程不可分割的组成部分，且为实现工程基本功能所必需的设备、材料等；所称与工程建设有关的服务，是指为完成工程所需的勘察、设计、监理等服务。

政府采购工程以及与工程建设有关的货物、服务，应当执行政府采购政策。

第四十九条　中标或者成交供应商拒绝与采购人签订合同的，采购人可以按照评审报告推荐的中标或者成交候选人名单排序，确定下一候选人为中标或者成交供应商，也可以重新开展政府采购活动。

3. 《政府采购货物和服务招标投标管理办法》（财政部令第 87 号）（节选）

第八十八条　本办法自 2017 年 10 月 1 日起施行。财政部 2004 年 8 月 11 日发布的《政府采购货物和服务招标投标管理办法》（财政部令第 18 号）同时废止。

三、案例分析

（一）违规设置资格条件、评审因素

1. 将特定业绩、资质作为资格条件

案情描述：

①×××单位某餐饮服务项目采购文件中"投标人资格要求"规定，"投标人须提供自 2017 年 1 月 1 日以来的同类业绩（供餐规模大于 1000 人且独立经营无外包）至少一个"。

②×××单位某职工体检项目采购文件中"投标人资格要求"规定，"三级甲等医院资质，具有《医疗机构执业许可证》"。

点评分析：

采购人可以根据采购项目的特殊要求，规定供应商的特定条件，但不得以不合理的条件对供应商实行差别待遇或者歧视待遇。

采购人和代理机构有多种方式可以实现对供应商履约能力的考核，将特定业绩、资质等设定成资格条件实质上排斥或限制中小企业进入政府采购市场，属于以不合理条件对供应商实施差别或歧视待遇的情形。

依据：

《中华人民共和国政府采购法》第二十二条第二款，《中华人民共和国中小企业促进法》第四十条第三款，《中华人民共和国政府采购法实施条例》第二十条，《政府采购货物和服务招标投标管理办法》（财政部令第87号）第十七条、第二十五条，《政府采购促进中小企业发展管理办法》（财库〔2020〕46号）第五条。

2. 将特定金额、数量的合同业绩作为评审因素

案情描述：

①×××单位某项目采购文件评审因素规定，"提供近三年内（2017年1月至2020年1月）150万及以上金额运维项目的案例。每提供一个得3分，最高12分"。

②×××单位某项目采购文件评审因素规定，"有管理同类办公场所物业管理服务经验，本项最高得分30分，其中：（1）100万元≤单个合同总额＜200万元的，每个合同得0.5分；（2）200万元≤单个合同总额＜500万元的，每个合同得1分"。

③×××单位某项目采购文件评审因素规定，"提供近两年承担或实施的党政机关、企事业单位、教育机构食堂餐饮服务项目案例。每个案例的结算金额在20万元/月以上或者所经营的餐厅面积在2000平方米以上。每提供一个有效案例得3分，最高9分"。

④×××单位某项目采购文件评审因素规定，"服务业绩，已完成与招标内容相同或相似的体检项目数量，每提供一个业绩得3分，满分12分"。

⑤×××单位某项目采购文件评审因素规定，"投标单位具有大型项目管理的能力和经验，承担过与本项目同等规模的知识产权技术服务项目，每承担1项得1分，满分为5分"。

⑥×××单位某项目采购文件评审因素规定，"提供2017年以来独立经营方式承担的供餐1000人以上同类型项目餐饮服务合同，每有一个有效案例得2分"。

⑦×××单位某项目采购文件评审因素规定，"自开标日近24个月内正在执行或完成的采购单餐用餐人数不少于300人的中央国家机关、事业单位、军队机关办公区餐饮服务项目案例，提供少于5份合同业绩不得分，提供5份合同业绩的得3分，每增加一份合同业绩加0.5分，最高可得5分"。

⑧×××单位某项目采购文件评审因素规定，"投标人提供近三年（2018～2020年）承担专利权评价报告或公众检索报告服务件数。年度服务件数为6000件及以上的年份，得6分"。

⑨×××单位某项目采购文件评审因素规定，"投标人提供近五年（2016年1月1日至2020年1月1日，以合同或协议签订时间为准）承担的类似服务项目，每提供一个有效合同，且服务件数为1000万页（一年内完成）及以上的，得4分；服务件数为800万～1000万页（一年内完成）之间的，得3分；服务件数为800万页以下（一年内完成）的，得2分；没有以上服务工作或未提供，不得分。最多计入5个有效合同，满分20分"。

点评分析：

采购人可以根据采购项目的特殊要求，规定供应商的特定条件，但不得以不合理的条件对供应商实行差别待遇或者歧视待遇。

评审因素的设定应当与投标人所提供货物服务的质量相关，包括投标报价、技术或者服务水平、履约能力、售后服务等。采购文件将特定金额或数量的合同业绩作为评审因素，并非是唯一不可替代的方式。由于合同金额、数量与营业收入具有直接的关联性，属于以不合理条件对供应商实施差别或歧视待遇的情形。

依据：

《中华人民共和国政府采购法》第二十二条第二款，《中华人民共和国中小企业促进法》第四十条第三款,《中华人民共和国政府采购法实施条例》第二十条,《政府采购货物和服务招标投标管理办法》(财政部令第87号)第十七条、第二十五条、第五十五条第二款,《政府采购促进中小企业发展管理办法》(财库〔2020〕46号)第五条。

3. 将为特定主体服务的业绩作为评审因素

案情描述:

×××单位某项目采购文件评审因素规定,"投标人自2016年1月1日以来承担过省部级及以上业务系统建设项目业绩案例,每个业绩案例2分,本项最多得6分"。

点评分析:

采购人可以根据采购项目的特殊要求,规定供应商的特定条件,但不得以不合理的条件对供应商实行差别待遇或者歧视待遇。

采购人将供应商具备为某一特定主体服务的业绩作为评审因素,此类业绩在本质上与其他非特定区域、特定主体的业绩没有本质区别,实质上却阻碍了供应商的公平竞争,属于对供应商实行差别待遇或者歧视待遇的情形。

依据:

《中华人民共和国政府采购法》第二十二条第二款,《中华人民共和国中小企业促进法》第四十条第三款,《中华人民共和国政府采购法实施条例》第二十条,《政府采购货物和服务招标投标管理办法》(财政部令第87号)第十七条、第二十五条、第五十五条第二款,《政府采购促进中小企业发展管理办法》(财库〔2020〕46号)第五条。

4. 将企业规模条件作为评审因素

案情描述:

×××单位某项目采购文件规定,"投标人服务过大中型企事业单位数量超过3家,且公司规模较大的得6~10分;其余根据情况得0~5分"。

点评分析：

采购人可以根据采购项目的特殊要求，规定供应商的特定条件，但不得以不合理的条件对供应商实行差别待遇或者歧视待遇。

采购人和代理机构有多种方式可以实现对供应商履约能力的考核，将企业规模条件作为评审因素，实质上排斥或限制中小企业进入政府采购市场，属于以不合理条件对供应商实施差别或歧视待遇的情形。（注：评审因素未细化量化问题在此不作赘述）

依据：

《中华人民共和国政府采购法》第二十二条第二款，《中华人民共和国中小企业促进法》第四十条第三款，《中华人民共和国政府采购法实施条例》第二十条，《政府采购货物和服务招标投标管理办法》（财政部令第 87 号）第十七条、第二十五条、第五十五条第二款，《政府采购促进中小企业发展管理办法》（财库〔2020〕46 号）第五条。

5. 变相将经营年限作为评审因素

案情描述：

①×××单位某项目采购文件评审因素规定，"公司成立运营 5 年（不含）以上得 10 分；成立 3～5 年（含）得 6 分；成立 3 年（不含）以下得 2 分"。

②×××单位某项目采购文件评审因素规定，"投标人经营物业管理时间≥10 年，得 3 分"。

③×××单位某项目采购文件评审因素规定，"投标单位从事专利审查或分类审查业务连续 8 年以上得 5 分，4～7 年得 3 分，4 年以下得 1 分。需提供相关文件证明"。

④×××单位某项目采购文件评审因素规定，"投标人注册满三年且正常经营的，提供连续三年的审计报告，得 2 分，没有或不全的，得 0 分"。

⑤×××单位某项目采购文件评审因素规定，"企业经营状况 3 分，

投标人提供近三年财务审计报告。1. 横向综合比较各投标人经营状况，优秀得3分，良得2分，一般得1分；2. 未提供或提供不全得0分"。

⑥×××单位某项目采购文件评审因素规定，"考核投标人在2016～2018年的营利情况（投标时须提交经会计师事务所审计的财务审计报告复印件）：连续三年营利得10分"。

⑦×××单位某项目采购文件评审因素规定，"投标人财务状况连续三年营利的得3分，未达到的评委在0～1分内酌情给分"。

点评分析：

采购人可以根据采购项目的特殊要求，规定供应商的特定条件，但不得以不合理的条件对供应商实行差别待遇或者歧视待遇。

采购人和代理机构有多种方式可以实现对供应商履约能力的考核，通过经营状况等变相设置经营年限，实质上排斥或限制中小企业进入政府采购市场，属于以不合理条件对供应商实施差别或歧视待遇的情形。

依据：

《中华人民共和国政府采购法》第二十二条第二款，《中华人民共和国中小企业促进法》第四十条第三款，《中华人民共和国政府采购法实施条例》第二十条，《政府采购货物和服务招标投标管理办法》（财政部令第87号）第十七条、第二十五条、第五十五条第二款，《政府采购促进中小企业发展管理办法》（财库〔2020〕46号）第五条。

6. 将从业人员等规模条件作为评审因素

案情描述：

①×××单位某项目采购文件评审因素规定，"社保缴纳人数大于80人得6分，50～80人得3分，小于50人得1分（需提供3个月社保缴纳记录）"。

②×××单位某项目采购文件评审因素规定，"公司团队人员较多，人员专业水平较高，团队服务效率较高得6～10分；其他根据情况得0～5分"。

③×××单位某项目采购文件评审因素规定，"为服务团队成员参加社会保险，社保缴费人数＞300人，得18分；200人＜社保缴费人数≤300人，得10分；社保缴费人数≤200人，得0分""续签、解除、终止合同手续完备，签订数量＞300人，得10分；制度健全、管理规范、200人＜签订数量≤300人，得5分；制度不健全、管理不规范、签订数量≤200人，得1分"。

④×××单位某项目采购文件评审因素规定，"生产服务能力–人员力量"的评分标准说明为"具有专业排版人员（从业3年以上），在公司缴纳社保3年以上，每1人得4分，最高24分。投标文件提供上述人员在投标公司缴纳社保和交保证明"。

⑤×××单位某项目采购文件评审因素规定，"投标人提供在投标单位在职2年以上加盖社保经办机构专用章的证明，每有1人得0.5分，最多得5分"。

点评分析：

采购人可以根据采购项目的特殊要求，规定供应商的特定条件，但不得以不合理的条件对供应商实行差别待遇或者歧视待遇。

采购人和代理机构有多种方式可以实现对供应商履约能力的考核，将从业人员等规模条件作为评审因素，实质上排斥或限制中小企业进入政府采购市场，属于以不合理条件对供应商实施差别或歧视待遇的情形。（注：评审因素未细化量化问题在此不作赘述）

依据：

《中华人民共和国政府采购法》第二十二条第二款，《中华人民共和国中小企业促进法》第四十条第三款，《中华人民共和国政府采购法实施条例》第二十条，《政府采购货物和服务招标投标管理办法》（财政部令第87号）第十七条、第二十五条、第五十五条第二款，《政府采购促进中小企业发展管理办法》（财库〔2020〕46号）第五条。

7. 将没有法律依据的资质证书作为评审因素

案情描述：

①×××单位某项目采购文件评审因素规定，"投标人近三年内获得

过市级及以上市场监督部门或由具有备案认证资质的第三认证机构颁发的'AAA重合同守信用企业证书''信用等级证书''质量服务体系认证证书或其他商务部能证明单位诚信度的证书，每个证书得1分，最高得3分'。

②×××单位某项目采购文件评审因素规定，"获得工商行政或市场监管部门颁发的'守合同重信用企业'或'重合同守信用企业'，连续10年或以上得10分，连续5~9年得6分，连续1~4年得3分，没有不得分"。

③×××单位某项目采购文件评审因素规定，"企业信誉：如行业协会等第三方机构颁发的有关企业诚信的证明材料、银行信用等级证明材料、工商行政或市场监管部门颁发的'守合同重信用'证书等。每提供1个得1分，共3分"。

④×××单位某体检项目采购文件评审因素规定，"投标人为省二级以上生物安全实验室单位并近三年获得室间质评全优证书，得5分"。

⑤×××单位某项目采购文件评审因素规定，"1. 中华人民共和国住房和城乡建设部颁发的'全国物业管理示范大厦'（非住宅）荣誉证书，有1个得2分，最高4分。2. 省、市级颁发的物业服务、物业管理类奖项或荣誉证书，有一个得1分，最高3分。3. 公司或在管项目获得省级（含直辖市）党委、工会组织、精神文明创建单位颁发的党建或精神文明建设奖项的，每有一个获奖项目得1分，最高2分"。

⑥×××单位某项目采购文件评审因素规定，"获得餐饮食品行业组织或协会颁发的相关奖励或证书，每有1个得1分，最高得2分"。

⑦×××单位某项目采购文件评审因素规定，"能力成熟度模型集成（CMMI）认证证书：1. 投标人具有CMMI5（2分）；2. 投标人具有CMMI4/CMMI3（1分）；3. 投标人具有CMMI3以下（0分）"；4. "项目经理具备项目管理专业人士资格认证（PMP）资质或计算机信息系统集成高级项目经理资质证书的，提供得1分，未提供及不符合得0分"。

点评分析：

行业协会一般都是某个特定行业的社团组织，其颁发的奖项属于特定行业的奖项，不得作为政府采购评审中的加分项。对于"证书"而言，如果属于受行政机关委托开展的有关资质和能力认定的证书，可以作为加分项。为落实全国"放管服"改革要求，国务院明令取消的资质证书不得作为加分项。此外，其他没有相关法律依据的资质证书或者培训证书原则上也不得作为加分项。

依据：

《中华人民共和国政府采购法》第二十二条第二款，《中华人民共和国中小企业促进法》第四十条第三款，《中华人民共和国政府采购法实施条例》第二十条，《政府采购货物和服务招标投标管理办法》（财政部令第 87 号）第十七条、第二十五条，《政府采购促进中小企业发展管理办法》（财库〔2020〕46 号）第五条。

8. 指向特定供应商、特定产品

案情描述：

①×××单位的一个厨房设备采购项目指定"★电平扒炉连柜座"的型号为"ZH－TG"。经查，该型号为某品牌产品。

②×××单位某项目采购文件需求规定，"讲台桌基材：A 集团某品牌优质绿色环保刨花版，木皮采用美国进口胡桃木皮饰面，表面油漆采用德国进口油漆；课椅：表层：B 公司优质布面料覆盖；课桌：基材：A 集团某品牌优质绿色环保刨花版，采用德国进口五金配件"。

③×××单位在 2018 年政府采购项目中违规设置指向特定供应商的评分条件，涉及合同金额 1.22 亿元，至 2021 年底已支付 8048.7 万元。（注：审计问题）

点评分析：

采购人、采购代理机构在设定技术、服务要求时，不得按照自身喜好或者不正当利益关系设定某一特定供应商或特定产品独有的技术或服务要求。采购需求中的技术、服务等要求指向特定供应商、特定产品属于对供应商实行差别待遇或者歧视待遇的情形。

依据：

《中华人民共和国政府采购法》第二十二条第二款，《中华人民共和国中小企业促进法》第四十条第三款，《中华人民共和国政府采购法实施条例》第二十条，《政府采购货物和服务招标投标管理办法》（财政部令第87号）第十七条、第二十五条，《政府采购促进中小企业发展管理办法》（财库〔2020〕46号）第五条。

（二）评审因素未细化量化

1. 评分标准不明确

案情描述：

①×××单位某项目采购文件评审因素规定，"体检设备非常齐全且使用状况好，得10分；体检设备比较齐全或使用状况一般，得6分；体检设备陈旧或不够齐全，得3分"。

②×××单位某项目采购文件评审因素规定，"根据投标人提供的维修与安防物料质量保障方案给予评价：（1）完全满足我方实际要求且优于需求的得8分；（2）基本满足我方实际要求得4分；（3）不能满足我方实际要求的或无此项内容的得0分"。

③×××单位某项目采购文件评审因素规定，"1. 部分优于采购人需求：8分；2. 完全响应采购人需求：5分；3. 部分条款不响应：2分"。

④×××单位某项目采购文件评审因素规定，"全部满足磋商文件技术需求要求，得8～10分，基本满足磋商文件技术需求要求，得4～7分，部分满足磋商文件技术需求要求，得0～3分"。

⑤×××单位某项目采购文件评审因素规定，"根据投标人的服务管理体系情况进行评审，包括但不限于投标人组织架构、组织管理制度、人事管理制度、其他规章制度等。优：8～10分；良：5～7分；中：1～4分"。

点评分析：

采购需求客观、明确的采购项目，采购需求中客观但不可量化的指标应当作为实质性要求，不得作为评分项；参与评分的指标应当是采购需求中的量化指标，评分项应当按照量化指标的等次，设置对应的不同分值。不能完全确定客观指标，需由供应商提供设计方案、解决方案或者组织方案的采购项目，可以结合需求调查的情况，尽可能明确不同技术路线、组织形式及相关指标的重要性和优先级，设定客观、量化的评审因素、分值和权重。评分标准不应使用"优""良""差"等没有明确判断标准的用词。

依据：

《中华人民共和国政府采购法实施条例》第三十四条，《政府采购货物和服务招标投标管理办法》（财政部令第 87 号）第五十五条第三款，《政府采购需求管理办法》（财库〔2021〕22 号）第二十一条。

2. 设置横向比较的评分标准

案情描述：

①×××单位某项目采购文件评审因素规定，"具体服务方案，根据招标文件总体服务要求，为采购人提供 IT 运维服务。各投标人横向比较，最高得 10 分，最低的 0 分"。

②×××单位某项目采购文件评审因素规定，"从投标人的管理模式设定合理性等方面进行横向比较评审。对比优得 9～10 分，一般得 4～6 分，差得 1～2 分"。

③×××单位某项目采购文件评审因素规定，"根据体检服务套餐的完整性和适用性横向比较打分。方案完整，适用性好的得 16～20 分，方案较完整，适用性较好的得 10～15 分；方案基本完整，适用性一般的得 0～9 分"。

点评分析：

评审专家的评分依据应是采购文件，而非其他供应商的响应文件。采购文件采用综合评分法时设置横向比较的评分标准，容易偏离采购需求，导致无法实现采购目的。

依据:

《中华人民共和国政府采购法实施条例》第三十四条,《政府采购货物和服务招标投标管理办法》(财政部令第 87 号)第五十五条第三款。

3. 总分值与总扣分不相等

案情描述:

①×××单位某项目采购文件评审因素规定,"满足磋商文件技术规格要求的全部内容得满分 20 分;'＊'指标有 1 项不满足视为无效投标;'#'指标每有一项不满足扣 1 分,扣完为止;一般指标每有 1 项不满足扣 0.5 分,扣完为止"。经查,采购文件共设置"#"指标 22 项、一般指标 18 项。

②×××单位某项目采购文件评审因素规定,"满足招标文件要求所述所有服务和技术要求得 4 分;缺少或负偏离一项扣 1 分,扣完为止"。经查,采购文件共设置指标项 10 项。

③×××单位某项目采购文件评审因素规定,"对本项目全部需求内容全面响应,逐项进行应对,检查完整程度(每缺一项扣 1 分,最多扣 16 分)"。经查,采购文件共设置指标项 20 项。

点评分析:

采购人应根据投标人所提供的货物服务的质量合理设置评审因素。对于采购项目中不允许偏离的要求和条件,采购人应将其作为实质性要求,并在招标文件中以醒目方式标明。对于非实质性要求,原则上应当设置为满足的加分,不满足的不得分。

采购文件采用综合评分法时,评分标准采用扣分模式的,总扣分应等于采购文件设置的总分值。对于采购品目较多的项目,可以根据实际情况进行分包或者针对主要产品设置评审因素。

依据:

《中华人民共和国政府采购法实施条例》第三十四条,《政府采购货物和服务招标投标管理办法》(财政部令第 87 号)第五十五条第三款。

（三）未落实政府采购政策

案情描述：

×××单位某项目采购文件未载明对产品的节能要求、合格产品的条件和环境标志产品、节能产品强制采购、优先采购的评审标准和中小企业价格扣除的相关政策规定。

点评分析：

政府采购政策包括购买本国货物、服务和工程，促进中小企业发展（包括福利企业和监狱企业）政策，促进节能环保政策，扶持不发达地区和少数民族地区等。落实政府采购政策的措施是指《中华人民共和国政府采购法实施条例》第六条规定的"制定采购需求标准、预留采购份额、价格评审优惠、优先采购等措施"。根据法律规定，目前国家正在执行的相关政府采购政策有：①促进中小企业发展；②促进残疾人就业；③支持监狱企业发展；④采购节能产品、环境标志产品；⑤支持脱贫攻坚；⑥采购无线局域网产品。

采购人应依照国家相关政策及政府采购有关规定，严格落实政府采购政策，完善采购文件范本，并进行采购政策审查。

依据：

《中华人民共和国政府采购法》第九条，《中华人民共和国政府采购法实施条例》第六条、第七条第三款、第十一条第一款、第十五条，《政府采购货物和服务招标投标管理办法》（财政部令第87号）第五条、第十一条、第二十五条，《政府采购促进中小企业发展管理办法》（财库〔2020〕46号）第三条，《关于调整优化节能产品、环境标志产品政府采购执行机制的通知》（财库〔2019〕9号），《关于印发环境标志产品政府采购品目清单的通知》（财库〔2019〕18号），《关于印发节能产品政府采购品目清单的通知》（财库〔2019〕19号）。

（四）采购文件内容不合规

1. 相关期限规定不合规

案情描述：

①×××单位某项目招标文件载明，"自收到中标通知书发出之日起 90 日内签合同"。

②×××单位台式计算机采购项目，采购合同载明"在合同生效后 60 天供货"。

点评分析：

采购人与中标、成交供应商应当在中标、成交通知书发出之日起 30 日内，按照采购文件确定的事项签订政府采购合同。对于批量集中采购的货物，集中采购机构应当根据采购文件约定，督促供应商在中标通知公告发出后 20 个工作日内，将中标产品送到中央预算单位指定地点。采购人应严格按照政府采购相关法律法规规定，完善采购文件范本及合同文本，对合同签订及供货作出明确约定。

依据：

《中华人民共和国政府采购法》第四十六条，《政府采购货物和服务招标投标管理办法》（财政部令第 87 号）第七十一条，《中央预算单位批量集中采购管理暂行办法》（财库〔2013〕109 号）第九条。

2. 违规扩大采购人权限

>> **案例 1**

案情描述：

①×××单位某项目采购文件规定，"招标人或招标代理机构保留在授标之前任何时候接受或拒绝任何投标的权利，且对受影响的投标人不承担任何责任"。

②×××单位某项目采购文件规定，"招标人在授予合同时，有权对采购需求予以合理的增加或减少，但不得对单价或其他的条款和条件作任何改变"。

③×××单位某项目采购文件规定，"投标人应按照第五章'技术需求'中货物需求一览表的内容和数量进行报价。超过所需数量的报价，在评标时不予核减，但如果中标，采购人可以从合同中予以扣减"。

点评分析：

中标、成交通知书对采购人和中标、成交供应商均具有法律效力。中标、成交通知书发出后，采购人改变中标、成交结果的，或者中标、成交供应商放弃中标、成交项目的，应当依法承担法律责任。

政府采购合同与普通民事合同不同，采购人在采购前应在采购文件中明确采购需求（包括采购标的及数量等），不允许在采购活动开始后随意进行变更。

依据：

《中华人民共和国政府采购法》第四十六条，《政府采购货物和服务招标投标管理办法》（财政部令第 87 号）第二十九条、第七十一条，《政府采购非招标采购方式管理办法》（财政部令第 74 号）第十九条，《政府采购竞争性磋商采购方式管理暂行办法》（财库〔2014〕214 号）第三十条。

>> **案例 2**

案情描述：

×××单位某项目采购文件规定，"报价人必须保证报价文件所提供的全部资料真实可靠，任何不真实的资料将导致报价被拒绝，报价人将会被列入不良供货商名单，并至少在一年内不得参加我单位政府采购项目"。

点评分析：

各级人民政府财政部门是负责政府采购监督管理的部门，依法履行对政府采购活动的监督管理职责，财政部负责中央预算单位的政府采购监督管理工作。

同时，根据政府采购相关法律法规，"供应商库"应当由省级以上人民政府财政部门建立。实践中，对于采购人能否设置"供应商库"的问题，法律虽然没有明确的禁止性规定。但采购人跟供应商之间是平等的买卖关系，如果采购人自建的"供应商库"在入库的审查标准、条件及管理等方面有一定的倾向性、主观性，或将应在资格审查阶段或评审阶段的因素前置到采购文件购买阶段，则属于以不合理条件对供应商实行差别待遇或者歧视待遇。

依据：

《中华人民共和国政府采购法》第十三条。

>> **案例3**

案情描述：

①×××单位某公开招标项目的资格条件规定，"投标人在经营中没有处于被责令停业，财产被接管、冻结，破产状态"。

②×××单位某项目采购文件规定，"供应商在参加采购活动前，被纳入法院、工商行政管理部门、税务部门、银行认定的失信名单且在有效期内，或者在前三年采购合同履约过程中及其他经营活动履约过程中未依法履约被有关行政部门处罚（处理）的，本项目不认定其具有良好的商业信誉"。

③×××单位某项目采购文件规定，"本项目确定供应商重大违法记录中较大数额罚款的金额标准为5万元"。

点评分析：

供应商资格条件设置及其证明材料提供直接影响政府采购市场环境的公平性、公正性、开放性，采购人设置供应商资格条件应当符合《中华人民共和国政府采购法》第二十二条规定。供应商资格条件涉及行政许可的，必须是按照《中华人民共和国行政许可法》第十四条、第十五条规定设定的行政许可。预算预留专门面向中小企业采购的政府采购项目，只允许中小微型企业参加竞争。

《中华人民共和国政府采购法实施条例》第十九条第一款规定的"较大数额罚款"认定为200万元以上的罚款。采购人应严格依照政府采购相关法律法规执行，不能随意增设或拔高供应商的资格条件，并进行非歧视性审查。

依据：

《中华人民共和国政府采购法》第二十二条，《财政部关于〈中华人民共和国政府采购法实施条例〉第十九条第一款"较大数额罚款"具体适用问题的意见》（财库〔2022〕3号）。

3. 采购文件内容不完整

>> **案例1**

案情描述：

×××单位系列采购项目招标文件未附合同文本，或招标文件及合同文本中未见资金支付条件及时间、采购人及供应商各自权利义务、履约验收标准、违约条款、纠纷解决内容。

点评分析：

合同文本是采购文件的组成部分，采购人应当按照《中华人民共和国政府采购法》和《中华人民共和国民法典》有关规定，完善采购文件和合同范本，在合同文本中明确标的名称，采购标的质量、数量（规模），履行时间（期限）、地点和方式，包装方式，价款或者报酬、付款进度安排、资金支付方式，验收、交付标准和方法，质量保修范围和保修期，违约责任与解决争议的方法等。

依据：

《中华人民共和国政府采购法实施条例》第三十二条，《政府采购货物和服务招标投标管理办法》（财政部令第87号）第二十条第一款，《政府采购需求管理办法》（财库〔2021〕22号）第二十三条。

>> **案例2**

案情描述：

×××单位某系统升级改造项目的采购文件及合同文本均未约定知识产权的归属。

点评分析：

采购项目涉及采购标的的知识产权归属、处理的，如订购、设计、定制开发的信息化建设项目等，采购人应当在采购文件及合同文本中明确约定知识产权的归属和处理方式，避免在后续履约过程中产生权属争议。

依据：

《政府采购需求管理办法》（财库〔2021〕22号）第二十三条。

4. 保证金退还规定不合规

案情描述：

×××单位某项目采购文件规定，"采购人与中标人签订合同后5日内，向未成交的供应商和成交供应商退还谈判保证金"。

点评分析：

采购人或者采购代理机构应当自中标通知书发出之日起5个工作日内退还未中标供应商的投标保证金，自政府采购合同签订之日起5个工作日内退还中标供应商的投标保证金。采购人或者采购代理机构逾期退还投标保证金的，除应当退还投标保证金本金外，还应当按中国人民银行同期贷款基准利率上浮20%后的利率支付超期资金占用费，但因投标人自身原因导致无法及时退还的除外。

依据：

《中华人民共和国政府采购法实施条例》第三十三条。

5. 评审因素与投标人所提供货物、服务的质量无关

案情描述：

①×××单位某项目采购文件评审因素规定，"投标文件装订良好得1分""投标文件目录页码对应准确得1分"。

②×××单位某项目采购文件评审因素"标书质量2分"规定，"分别出具投标人技术人员配置一览表格、值守技术人员配置一览表格。表格中包含人员姓名、该人员获取的认证证书名称、该人员个人资料在投标文件中的起始页。未出具上述表格的本项不得分。表格个人资料起始

页未注明、有误，技术认证证书错误填写的，每个扣0.2分，扣完为止"；"标书规范性（2分）"规定，"投标人投标文件中应单独列一章节，列明第五章'采购需求'中所有'＊'条款所需承诺、证明、说明等材料，材料顺序按照'＊'条款顺序排列。符合得2分，不符合得0分"。

③×××单位某项目采购文件评审因素规定，"投标文件内容符合招标文件要求，语言通顺、表达明确、内容齐全。投标文件内容完整，思路清晰，版面整洁，资料齐全，得5分；投标文件内容较完整，思路较清晰，版面较整洁，资料较齐全，得3分；投标文件内容不完整，思路混乱，版面不整洁，资料不全，得1分"。

点评分析：

评审因素的设定应当与投标人所提供货物服务的质量相关，包括投标报价、技术或者服务水平、履约能力、售后服务等。"标书质量"与采购项目的实际需要不相适应，也与合同履行无关，不应作为评审因素。

依据：

《中华人民共和国政府采购法实施条例》第二十条，《政府采购货物和服务招标投标管理办法》（财政部令第87号）第五十五条第二款。

6. 对同一因素重复性评分

案情描述：

①×××单位某项目采购文件评审因素规定，"完全响应招标文件且无负偏离，得2分，否则不得分"。

②×××单位某公开招标项目招标文件规定，"按照评分报价汇总表中利润取最低投标人利润报价为企业利润评标基准价，其价格为满分。其他投标人的企业利润得分 =（企业利润评标基准价/企业利润）×100×15%"。

点评分析：

评分标准中的技术性能已设置了对投标人的全部技术参数进行评审，但又设置对整体技术响应情况进行打分，构成重复评分的不合理情形。

重复评分违反了《中华人民共和国政府采购法实施条例》第三十四条及《政府采购货物和服务招标投标管理办法》（财政部令第87号）第五十五条规定的评审因素应当量化的内容。采购人、代理机构不应在评审标准中对某一评审因素设定两项或两项以上的分值。

依据：

《中华人民共和国政府采购法实施条例》第三十四条，《政府采购货物和服务招标投标管理办法》（财政部令第87号）第五十五条第三款。

7. 将资格条件作为评审因素

案情描述：

①×××单位某保安服务公开招标项目将《保安服务许可证》既作为资格条件又作为评审因素。

②×××单位某印刷服务项目将法定资质《印刷经营许可证》作为评审因素。

点评分析：

"资格条件不得作为评审因素"包含四层含义：①《中华人民共和国政府采购法》第二十二条第一款规定的六项法定条件不得作为评审因素；②凡是项目所处行业有国家强制要求和标准的必须列为资格条件，不得作为评审因素；③单独的采购项目中已经设定为资格条件的因素，不得再设定为评审因素；④没有设定为资格条件的因素，在不违反《中华人民共和国政府采购法实施条例》第二十条的规定的前提下，采购人可以根据采购项目特点和实际需求设定为评分因素。

依据：

《政府采购货物和服务招标投标管理办法》（财政部令第87号）第五十五条第二款。

8. 价格分计算方法不合规

案情描述：

×××单位某公开招标项目招标文件规定，"评标价确定方式：各投

标人投标价 - 暂估价 0 元 - 暂列金额（不含计日工总额）0 元；评标价得分：采用倒数法（最低评标价/投标人评价标×10）"。

点评分析：

综合评分法中的价格分统一采用低价优先法计算，即满足招标文件要求且投标价格最低的投标报价为评标基准价，其价格分为满分。其他投标人的价格分统一按照下列公式计算：投标报价得分 =（评标基准价/投标报价）×100。在评审过程中，不得去掉最后报价中的最高报价和最低报价。

依据：

《政府采购货物和服务招标投标管理办法》（财政部令第 87 号）第五十五条第六款。

（五）采购文件存在瑕疵

>> **案例 1**

案情描述：

①×××单位某项目采购文件规定，"根据《中华人民共和国招标投标法》《中华人民共和国招标投标法实施条例》及相关法律、法规的规定确定以下评标方法、步骤及标准"。

②×××单位某项目采购文件中合同文本规定，"根据《中华人民共和国招标投标法》《中华人民共和国政府采购法》《中华人民共和国民法典》相关法律、法规、政策和公开招标结果（项目编号：……，甲乙双方在追认原招标采购结果（一采三年）、自愿、平等、协商一致的基础上……"。

点评分析：

《中华人民共和国政府采购法》有关招标文件编制、评标方法和评标标准制定、招标信息发布、评标专家抽取、中标信息发布等方面的规定均不同于《中华人民共和国招标投标法》。采购人应严格区分两法的适用情形，在政府采购项目中尽量不援引《中华人民共和国招标投标法》的有关规定，避免因两法混用造成法律适用错误。

依据：

《中华人民共和国政府采购法》第二条、第四条，《中华人民共和国政府采购法实施条例》第七条。

>> **案例 2**

案情描述：

×××单位 2019 年某项目招标文件规定，"适用《政府采购货物和服务招标投标管理办法》（财政部令第 18 号）"。

点评分析：

《政府采购货物和服务招标投标管理办法》（财政部令第 18 号）已于 2017 年 10 月 1 日废止。采购人应密切关注政府采购相关法律法规的修订、废止情况，及时完善内控管理制度及采购文件范本。

依据：

《政府采购货物和服务招标投标管理办法》（财政部令第 87 号）第八十八条。

>> **案例 3**

案情描述：

×××单位某项目采购文件规定，"如果中标人没有按照上述规定执行，将取消该中标决定，并没收其投标保证金。在此情况下，如合格投标人符合法定数量时，招标人可将合同授予下一个实质性响应、通过资格后审且综合排名次低的投标人，或重新招标"。

点评分析：

中标或者成交供应商拒绝与采购人签订合同的，采购人可以按照评审报告推荐的中标或者成交候选人名单排序，确定下一候选人为中标或者成交供应商，也可以重新开展政府采购活动。对于政府采购相关法律法规已有明确规定的，采购人应遵照规定执行，不作额外改动，避免产生争议。

依据：

《中华人民共和国政府采购法实施条例》第四十九条。

四、工作指引

采购文件是采购过程中最重要的文件，包括采购项目的商务条件、采购需求、投标人的资格条件、投标报价要求、评标方法、评标标准以及拟签订的合同文本等，是供应商据以准备响应文件和评审委员会据以评审的依据，采购文件的质量常常决定着采购项目的成败。因此采购文件的各项规定必须清楚、准确，所设定的相关要求和标准要合理、合法。尤其是评审办法中的相关规定会直接对成交结果造成重大的影响，因此必须科学、严谨。

一是资质门槛。一方面，资格性、符合性条件不应有歧视性条款。供应商的注册资金、资产总额、营业收入（业绩）、利润、纳税额、从业人员数量等规模条件不能作为资格条件；设置的供应商资格条件，不得将只有进口产品能够满足的事项作为供应商的资格条件。同时，无正当理由不能拒绝联合体投标，以保证国家扶持中小企业政策的落实，在采购文件中应明确联合体各方相应的义务责任。另一方面，采购项目的特殊性要求应符合国家行政机关或行业管理机构的相关规定。①采购项目的特殊要求不应有倾向性和排斥性，出具的相关证明材料要求合法合规或符合行业主管部门管理的相关规定，采购文件中应明确其评判标准和依据。②供应商资格条件的设置，应当结合具体的政府采购项目确定，不得设置与政府采购项目没有直接联系的资格条件。③除采购项目所涉行业有明确强制性规定外，不得以制造厂家的条件作为参加政府采购活动的供应商的资格条件。④对于技术服务标准统一、市场竞争充分的货物采购项目，不得将制造厂家的授权书或者承诺作为资格性和符合性审查的事项。

二是采购需求。除政府采购法律制度明确规定以外，不得以任何方式和理由在采购文件中指定或者变相指定品牌、型号、产地等。采购需求中的技术、服务等要求，不能指向特定供应商、特定产品；不得以供应商产品独一无二的技术参数、性能指标作为实质性响应内容，不得通过技术参数、性能指标设置排斥潜在供应商公平参与竞争，不得照搬照抄个别供应商产品的技术参数、性能指标。一方面，技术、服务需求与履约要求的内容应完整准确。内容完整，投标供应商才能准确响应。技术、服务需求与履约要求的主要内容包括：①项目名称及简要说明；②技术规格、参数与要求、供货数量与范围、附件及零配件、备品备件的要求；③服务内容、服务期限及服务要求；④项目现场、验收标准、方法、安装调试及技术服务（含培训）要求、响应时间；⑤伴随服务、质量保证期、售后服务的要求；⑥报价要求、付款方式和条件；⑦履行合同的时间、地点、违约责任、解决争议的方式（提请仲裁或向人民法院提起诉讼等）。另一方面，对采购进口产品的要求不能限制国货。经财政部门审核同意采购进口产品的，进口产品可以参与该采购项目政府采购活动，但不得以此排斥或者歧视国货参加招投标活动。在编制采购文件时，不得在技术参数、性能指标中标明"进口产品""原装进口产品"等要求，不得完全或者大部分以进口产品的参数指标作为该采购项目的技术参数、性能指标要求，不得将进口产品作为优先中标（成交）的理由，也不得排斥或者限制国货成为中标（成交）产品。

三是评审标准。评审方法和评审标准应当符合政府采购法律制度的规定。批量集中品目等技术、服务标准统一的货物和服务项目，应当采用最低评标价法。采用综合评分法的，评审标准中的分值设置应与评审因素的量化指标相对应，确定评审因素和评审标准应当与政府采购项目有直接联系，不得以与采购项目实施无直接联系的事项作为评审因素和评审标准；不得将进口产品作为评分因素和评分标准中的加分事项；不能以特定行政区域或者特定行业的业绩、奖项作为加分条件；对于招标文件技术参数、性能指标、商务、服务等要求中未明确的事项，不得作为评分因素和评分标准。

评审标准设定要注意三点：第一，合理设定评分因素和权重。《中华人民共和国政府采购法实施条例》已将评标方法明确规定为最低评标价法和综合评分法。综合评分法的主要评分因素应包括价格、技术、财务状况、信誉、业绩、服务以及对招标文件的响应程度。要区分重要和非重要评分因素，力求量化评分因素，减少主观性评分。各评分因素中分值所占比例的设定，应当按规定执行，没有规定的，应将价格、技术、服务作为主要评分因素，合理设定各评分因素的分值。采用竞争性磋商方式的项目，有特殊情况需要在上述规定范围外设定价格分权重的，应当经本级人民政府财政部门审核同意。供应商资格条件，不得作为或者变相作为评分因素，评分标准中不得出现地域限制和歧视性的条款。第二，科学制定评分细则。评分细则在整个评分标准中占有十分重要的地位，是评分标准的核心内容。评分标准的科学、合理，主要是通过评分细则来体现的，必须以客观事实为依据，减少评委的自由裁量权。不能量化评分标准的，应采用最低评标价法或改为竞争性谈判采购方式；交货时间、付款方式等特殊条件不宜作为加分项。第三，评分标准要体现国家政策。在采购文件中要执行国家规定，体现国家政策。为了扶持中小企业、监狱企业，投标人如为小型和微型企业、监狱企业的，应按照政府采购相关政策要求给予其投标报价 6% 的价格扣除。评分标准中对供应商的业绩分值不应过高，不能出现同一业绩反复给分的情况。如果业绩分值过高，中小企业或新设立的企业就会受到排斥而不参加投标，最终导致有效投标人不足三家而废标。

四是语言表述。在编制招标文件的过程中，要认真研读、理解采购项目特点及其需求等内容，采购文件内容的语言表述要准确、严谨，方便供应商制作投标（响应）文件时准确应答，减少评委评审时因理解歧义而废标。

第六章 发布采购公告

一、工作原则

公开透明是政府采购管理制度的重要原则。做好政府采购信息公开工作，既是全面深化改革、建立现代财政制度的必然要求，也是加强改进社会监督，提升政府公信力的重要举措，对于规范政府采购行为，维护政府采购活动的公开、公平和公正具有重要意义。

采购人应当将政府采购信息公开作为本单位政务信息公开工作的重要内容，列入主动公开基本目录，嵌入内控管理环节，确保政府采购信息发布的及时、完整、准确。

二、相关规定汇总

1.《中华人民共和国政府采购法》（节选）

第十一条　政府采购的信息应当在政府采购监督管理部门指定的媒体上及时向社会公开发布，但涉及商业秘密的除外。

2.《政府采购货物和服务招标投标管理办法》（财政部令第87号）（节选）

第十六条　招标公告、资格预审公告的公告期限为5个工作日。公告内容应当以省级以上财政部门指定媒体发布的公告为准。公告期限自省级以上财政部门指定媒体最先发布公告之日起算。

3.《政府采购信息发布管理办法》（财政部令第 101 号）（节选）

第八条　中央预算单位政府采购信息应当在中国政府采购网发布，地方预算单位政府采购信息应当在所在行政区域的中国政府采购网省级分网发布。

除中国政府采购网及其省级分网以外，政府采购信息可以在省级以上财政部门指定的其他媒体同步发布。

4.《财政部关于做好政府采购信息公开工作的通知》（财库〔2015〕135 号）（节选）

二、认真做好政府采购信息公开工作

（三）公开渠道。

中央预算单位的政府采购信息应当在财政部指定的媒体上公开，地方预算单位的政府采购信息应当在省级（含计划单列市，下同）财政部门指定的媒体上公开。财政部指定的政府采购信息发布媒体包括中国政府采购网（www.ccgp.gov.cn）、《中国财经报》、《中国政府采购报》、《中国政府采购》杂志、《中国财政》杂志等。省级财政部门应当将中国政府采购网地方分网作为本地区指定的政府采购信息发布媒体之一。

为了便于政府采购当事人获取信息，在其他政府采购信息发布媒体公开的政府采购信息应当同时在中国政府采购网发布。对于预算金额在 500 万元以上的地方采购项目信息，中国政府采购网各地方分网应当通过数据接口同时推送至中央主网发布（相关标准规范和说明详见中国政府采购网）。政府采购违法失信行为信息记录应当在中国政府采购网中央主网发布。

（四）政府采购项目信息的公开要求。

1. 公开招标公告、资格预审公告。

招标公告的内容应当包括采购人和采购代理机构的名称、地址和联系方法，采购项目的名称、数量、简要规格描述或项目基本概况介绍，采购项目预算金额，采购项目需要落实的政府采购政策，投标人的资格要求，获取招标文件的时间、地点、方式及招标文件售价，投标截止时间、开标时间及地点，采购项目联系人姓名和电话。

3. 采购项目预算金额。

采购项目预算金额应当在招标公告、资格预审公告、竞争性谈判公告、竞争性磋商公告和询价公告等采购公告，以及招标文件、谈判文件、磋商文件、询价通知书等采购文件中公开。采购项目的预算金额以财政部门批复的部门预算中的政府采购预算为依据；对于部门预算批复前进行采购的项目，以预算"二上数"中的政府采购预算为依据。对于部门预算已列明具体采购项目的，按照部门预算中具体采购项目的预算金额公开；部门预算未列明采购项目的，应当根据工作实际对部门预算进行分解，按照分解后的具体采购项目预算金额公开。对于部门预算分年度安排但不宜按年度拆分的采购项目，应当公开采购项目的采购年限、概算总金额和当年安排数。

三、案例分析

（一）未在指定媒体发布招标公告

案情描述：

×××单位某公开招标项目未在中国政府采购网发布采购公告，仅在中央政府采购网公告。

点评分析：

除涉密项目外，政府采购的信息应当在政府采购监督管理部门指定的媒体上及时向社会公开发布。中央预算单位政府采购信息应当在中国政府采购网发布。

依据：

《中华人民共和国政府采购法》第十一条，《政府采购货物和服务招标投标管理办法》（财政部令第 87 号）第十六条，《政府采购信息发布管理办法》（财政部令第 101 号）第八条，《财政部关于做好政府采购信息公开工作的通知》（财库〔2015〕135 号）第二部分。

（二）招标公告内容不全

案情描述：

×××单位某项目招标公告未载明采购项目预算金额、采购项目需要落实的政府采购政策等内容。

点评分析：

招标公告的内容应当包括采购人和采购代理机构的名称、地址和联系方法，采购项目的名称、数量、简要规格描述或项目基本概况介绍，采购项目预算金额，采购项目需要落实的政府采购政策，投标人的资格要求，获取招标文件的时间、地点、方式及招标文件售价，投标截止时间、开标时间及地点，采购项目联系人姓名和电话。

依据：

《财政部关于做好政府采购信息公开工作的通知》（财库〔2015〕135号）第二部分。

四、工作指引

采购人或者其委托的采购代理机构应当切实做好采购项目公告、采购文件、采购项目预算金额等采购项目信息公开工作，实现政府采购项目的全过程信息公开。

实践中，采购人要重点关注是否按照规定进行信息公开，公开内容、时间、方式是否合理，内容是否完整，有无"暗箱操作"，公开信息滞后的情况。对于采购项目预算金额、更正事项等信息公开薄弱环节，应当进一步完善相关工作机制。

第七章　组织评审

一、工作原则

采购人、代理机构做好政府采购评审工作应严格坚持以下四项原则。

一是依法组织评审工作。评审专家的抽取方式、评审委员会组成的人数需严格遵守政府采购相关法律制度，评审委员会成员要依法独立评审，公正、客观、审慎地组织和参与评审工作。在评审过程中对非法干预评审工作等违法违规行为，应当及时向财政部门报告。

二是切实履行评审职责。评审委员会成员要熟悉和理解采购文件，认真阅读所有供应商的投标或响应文件，并根据政府采购法律法规和采购文件所载明的评审方法、标准进行评审。

三是严肃评审工作纪律。采购人、采购代理机构要加强评审现场管理，评审委员会成员和评审工作有关人员不得干预或者影响正常评审工作，不得明示或者暗示其倾向性、引导性意见，不得修改或细化采购文件确定的评审程序、评审方法、评审因素和评审标准，不得接受供应商主动提出的澄清和解释，不得征询采购人代表的倾向性意见，不得协商评分，不得记录、复制或带走任何评审资料。

四是妥善处理评审中的特殊情形。评审委员会发现采购文件存在歧义、重大缺陷导致评审工作无法进行，或者采购文件内容违反国家有关规定的，要停止评审工作并向采购人或采购代理机构书面说明情况，采购人或采购代理机构应当修改采购文件后重新组织采购活动。同时，发现供应商提供虚假材料、串通等违法违规行为的，要及时向采购人或采购代理机构报告。

二、相关规定汇总

1. 《中华人民共和国政府采购法实施条例》（节选）

第三十九条 除国务院财政部门规定的情形外，采购人或者采购代理机构应当从政府采购评审专家库中随机抽取评审专家。

第四十一条 评标委员会、竞争性谈判小组或者询价小组成员应当按照客观、公正、审慎的原则，根据采购文件规定的评审程序、评审方法和评审标准进行独立评审。采购文件内容违反国家有关强制性规定的，评标委员会、竞争性谈判小组或者询价小组应当停止评审并向采购人或者采购代理机构说明情况。评标委员会、竞争性谈判小组或者询价小组成员应当在评审报告上签字，对自己的评审意见承担法律责任。对评审报告有异议的，应当在评审报告上签署不同意见，并说明理由，否则视为同意评审报告。

2. 《政府采购货物和服务招标投标管理办法》（财政部令第87号）（节选）

第三十九条 开标应当在招标文件确定的提交投标文件截止时间的同一时间进行。开标地点应当为招标文件中预先确定的地点。

采购人或者采购代理机构应当对开标、评标现场活动进行全程录音录像。录音录像应当清晰可辨，音像资料作为采购文件一并存档。

第四十五条 采购人或者采购代理机构负责组织评标工作，并履行下列职责：

（一）核对评审专家身份和采购人代表授权函，对评审专家在政府采购活动中的职责履行情况予以记录，并及时将有关违法违规行为向财政部门报告；

（二）宣布评标纪律；

（三）公布投标人名单，告知评审专家应当回避的情形；

（四）组织评标委员会推选评标组长，采购人代表不得担任组长；

（五）在评标期间采取必要的通讯管理措施，保证评标活动不受外界干扰；

（六）根据评标委员会的要求介绍政府采购相关政策法规、招标文件；

（七）维护评标秩序，监督评标委员会依照招标文件规定的评标程序、方法和标准进行独立评审，及时制止和纠正采购人代表、评审专家的倾向性言论或者违法违规行为；

（八）核对评标结果，有本办法第六十四条规定情形的，要求评标委员会复核或者书面说明理由，评标委员会拒绝的，应予记录并向本级财政部门报告；

（九）评审工作完成后，按照规定向评审专家支付劳务报酬和异地评审差旅费，不得向评审专家以外的其他人员支付评审劳务报酬；

（十）处理与评标有关的其他事项。

采购人可以在评标前说明项目背景和采购需求，说明内容不得含有歧视性、倾向性意见，不得超出招标文件所述范围。说明应当提交书面材料，并随采购文件一并存档。

第四十七条　评标委员会由采购人代表和评审专家组成，成员人数应当为 5 人以上单数，其中评审专家不得少于成员总数的三分之二。

采购项目符合下列情形之一的，评标委员会成员人数应当为 7 人以上单数：

（一）采购预算金额在 1000 万元以上；

（二）技术复杂；

（三）社会影响较大。

评审专家对本单位的采购项目只能作为采购人代表参与评标，本办法第四十八条第二款规定情形除外。采购代理机构工作人员不得参加由本机构代理的政府采购项目的评标。

评标委员会成员名单在评标结果公告前应当保密。

第四十八条　采购人或者采购代理机构应当从省级以上财政部门设立的政府采购评审专家库中，通过随机方式抽取评审专家。

对技术复杂、专业性强的采购项目，通过随机方式难以确定合适评审专家的，经主管预算单位同意，采购人可以自行选定相应专业领域的评审专家。

第七十八条　采购人、采购代理机构有下列情形之一的，由财政部门责令限期改正，情节严重的，给予警告，对直接负责的主管人员和其他直接责任人员，由其行政主管部门或者有关机关给予处分，并予通报；采购代理机构有违法所得的，没收违法所得，并可以处以不超过违法所得3倍、最高不超过3万元的罚款，没有违法所得的，可以处以1万元以下的罚款：

（一）违反本办法第八条第二款规定的；

（二）设定最低限价的；

（三）未按照规定进行资格预审或者资格审查的；

（四）违反本办法规定确定招标文件售价的；

（五）未按规定对开标、评标活动进行全程录音录像的；

（六）擅自终止招标活动的；

（七）未按照规定进行开标和组织评标的；

（八）未按照规定退还投标保证金的；

（九）违反本办法规定进行重新评审或者重新组建评标委员会进行评标的；

（十）开标前泄露已获取招标文件的潜在投标人的名称、数量或者其他可能影响公平竞争的有关招标投标情况的；

（十一）未妥善保存采购文件的；

（十二）其他违反本办法规定的情形。

3. 《政府采购非招标采购方式管理办法》（财政部令第74号）（节选）

第七条　竞争性谈判小组或者询价小组由采购人代表和评审专家共3

人以上单数组成，其中评审专家人数不得少于竞争性谈判小组或者询价小组成员总数的2/3。采购人不得以评审专家身份参加本部门或本单位采购项目的评审。采购代理机构人员不得参加本机构代理的采购项目的评审。

达到公开招标数额标准的货物或者服务采购项目，或者达到招标规模标准的政府采购工程，竞争性谈判小组或者询价小组应当由5人以上单数组成。

采用竞争性谈判、询价方式采购的政府采购项目，评审专家应当从政府采购评审专家库内相关专业的专家名单中随机抽取。技术复杂、专业性强的竞争性谈判采购项目，通过随机方式难以确定合适的评审专家的，经主管预算单位同意，可以自行选定评审专家。技术复杂、专业性强的竞争性谈判采购项目，评审专家中应当包含1名法律专家。

第十七条　谈判小组、询价小组应当根据评审记录和评审结果编写评审报告，其主要内容包括：

（一）邀请供应商参加采购活动的具体方式和相关情况，以及参加采购活动的供应商名单；

（二）评审日期和地点，谈判小组、询价小组成员名单；

（三）评审情况记录和说明，包括对供应商的资格审查情况、供应商响应文件评审情况、谈判情况、报价情况等；

（四）提出的成交候选人的名单及理由。

评审报告应当由谈判小组、询价小组全体人员签字认可。谈判小组、询价小组成员对评审报告有异议的，谈判小组、询价小组按照少数服从多数的原则推荐成交候选人，采购程序继续进行。对评审报告有异议的谈判小组、询价小组成员，应当在报告上签署不同意见并说明理由，由谈判小组、询价小组书面记录相关情况。谈判小组、询价小组成员拒绝在报告上签字又不书面说明其不同意见和理由的，视为同意评审报告。

4.《政府采购竞争性磋商采购方式管理暂行办法》（财库〔2014〕214 号）（节选）

第六条　采购人、采购代理机构应当通过发布公告、从省级以上财政部门建立的供应商库中随机抽取或者采购人和评审专家分别书面推荐的方式邀请不少于 3 家符合相应资格条件的供应商参与竞争性磋商采购活动。

符合政府采购法第二十二条第一款规定条件的供应商可以在采购活动开始前加入供应商库。财政部门不得对供应商申请入库收取任何费用，不得利用供应商库进行地区和行业封锁。

采取采购人和评审专家书面推荐方式选择供应商的，采购人和评审专家应当各自出具书面推荐意见。采购人推荐供应商的比例不得高于推荐供应商总数的 50%。

第十四条　磋商小组由采购人代表和评审专家共 3 人以上单数组成，其中评审专家人数不得少于磋商小组成员总数的 2/3。采购人代表不得以评审专家身份参加本部门或本单位采购项目的评审。采购代理机构人员不得参加本机构代理的采购项目的评审。

采用竞争性磋商方式的政府采购项目，评审专家应当从政府采购评审专家库内相关专业的专家名单中随机抽取。符合本办法第三条第四项规定情形的项目，以及情况特殊、通过随机方式难以确定合适的评审专家的项目，经主管预算单位同意，可以自行选定评审专家。技术复杂、专业性强的采购项目，评审专家中应当包含 1 名法律专家。

第三十四条　出现下列情形之一的，采购人或者采购代理机构应当终止竞争性磋商采购活动，发布项目终止公告并说明原因，重新开展采购活动：

（一）因情况变化，不再符合规定的竞争性磋商采购方式适用情形的；

（二）出现影响采购公正的违法、违规行为的；

（三）除本办法第二十一条第三款规定的情形外，在采购过程中符合要求的供应商或者报价未超过采购预算的供应商不足3家的。

5.《财政部关于进一步规范政府采购评审工作有关问题的通知》（财库〔2012〕69号）（节选）

三、严肃政府采购评审工作纪律

采购人委派代表参加评审委员会的，要向采购代理机构出具授权函。除授权代表外，采购人可以委派纪检监察等相关人员进入评审现场，对评审工作实施监督，但不得超过2人。采购人需要在评审前介绍项目背景和技术需求的，应当事先提交书面介绍材料，介绍内容不得存在歧视性、倾向性意见，不得超出采购文件所述范围，书面介绍材料作为采购项目文件随其他文件一并存档。评审委员会应当推选组长，但采购人代表不得担任组长。

三、案例分析

（一）违规抽取评审专家

案情描述：

×××单位的评审专家在代理机构公司专家库中抽取，而未从政府采购评审专家库中抽取评审专家。

点评分析：

评审专家抽取不合法。采购人或者采购代理机构应当从省级以上人民政府财政部门设立的评审专家库中随机抽取评审专家。评审专家库中相关专家数量不能保证随机抽取需要的，采购人或者采购代理机构可以推荐符合条件的人员，经审核选聘入库后再随机抽取使用。对技术复杂、专业性强的采购项目，通过随机方式难以确定合适评审专家的，经主管预算单位同意，采购人可以自行选定相应专业领域的评审专家。

依据：

《中华人民共和国政府采购法实施条例》第三十九条，《政府采购货物和服务招标投标管理办法》（财政部令第87号）第四十八条，《政府采购非招标采购方式管理办法》（财政部令第 74 号）第七条,《政府采购竞争性磋商采购方式管理暂行办法》（财库〔2014〕214 号）第十四条。

（二）评审委员会组成不合法

案情描述：

×××单位采购项目预算为 1200 万元，评标委员会成员人数仅为 5 人。

点评分析：

评标委员会人数不符合规定。根据法律规定，采购预算金额在 1000 万以上、技术复杂或社会影响较大的采购项目，评标委员会成员人数应当为 7 人以上。

依据：

《政府采购货物和服务招标投标管理办法》（财政部令第 87 号）第四十七条。

（三）未进行评审

案情描述：

×××单位 4 个公开招标采购项目未按照规定履行评标程序。

点评分析：

政府采购评审是供应商公平公正参与政府采购活动的重要保障，是政府采购活动中的关键环节，未按照规定履行评标程序属于采购程序违法情形。

依据：

《政府采购货物和服务招标投标管理办法》（财政部令第 87 号）第七十八条。

（四）评审过程不合规

案情描述：

×××单位竞争性磋商采购项目中参与竞磋的供应商共 3 家，其中 1 家未通过资格性审查，但评审活动仍继续进行。

点评分析：

评审程序不合法。采购人、采购代理机构应当通过发布公告，从省级以上财政部门建立的供应商库中随机抽取或者采购人和评审专家分别书面推荐的方式，邀请不少于 3 家符合相应资格条件的供应商参与竞争性磋商采购活动，供应商不满足 3 家的应当终止竞争性磋商采购活动，发布项目终止公告并说明原因，重新开展采购活动。注意：磋商开始时符合资格条件的供应商有 3 家及以上，磋商过程中因供应商中途退出导致符合条件的供应商只有 2 家的情况下，采购活动可以继续进行。

依据：

《政府采购竞争性磋商采购方式管理暂行办法》（财库〔2014〕214号）第六条、第三十四条。

（五）评审工作不规范

>> **案例 1**

案情描述：

×××单位采购项目中，成交供应商提供的响应文件中的"全国政府采购机票项目担保函"及"航空运输销售代表业务资质"认可证书均已过期。

点评分析：

评审工作不严谨、不认真。评审委员会成员要严格遵守政府采购相关法律制度，依法履行各自职责，公正、客观、审慎地组织和参与评审工作。

依据：

《中华人民共和国政府采购法实施条例》第四十一条。

>> **案例 2**

案情描述：

×××单位采购项目采用竞争性谈判方式采购，评审报告中未见评审地点、邀请供应商参加采购活动的具体方式和相关情况，以及参加采购活动的供应商名单等内容。

点评分析：

评审报告不完整。谈判小组应当根据评审记录和评审结果编写评审报告，其主要内容应具体明确，包括邀请供应商参加采购活动的具体方式和相关情况，以及参加采购活动的供应商名单；评审日期和地点，谈判小组、询价小组成员名单；评审情况记录和说明，包括对供应商的资格审查情况、供应商响应文件评审情况、谈判情况、报价情况等；提出的成交候选人的名单及理由。

依据：

《政府采购非招标采购方式管理办法》（财政部令第74号）第十七条。

>> **案例3**

案情描述：

×××单位采购人代表参加评标委员会，没有向采购代理机构出具授权函。

点评分析：

采购人委派代表参加评标委员会的，应当向采购代理机构出具授权函。

依据：

《政府采购货物和服务招标投标管理办法》（财政部令第87号）第四十五条，《财政部关于进一步规范政府采购评审工作有关问题的通知》（财库〔2012〕69号）第三部分。

>> **案例4**

案情描述：

×××单位招标文件载明递交响应文件时间为2021年6月6日下午2点，评标时间为2021年6月5日下午2点，未见变更资料。

点评分析：

开标应当在招标文件确定的提交投标文件截止时间的同一时间进行。

开标地点应当为招标文件中预先确定的地点。

依据：

《政府采购货物和服务招标投标管理办法》（财政部令第 87 号）第三十九条。

四、工作指引

在政府采购活动中，评审工作是关系采购结果是否公平公正的重要环节，评审专家应依法、公正、客观、审慎地组织和参与评审工作。同时，采购人代表作为评审委员会成员，应具备一定的专业素养，才能实现与评审专家间的有效合作，在评审中履行采购人主体责任，高效完成评审工作。

由于《中华人民共和国政府采购法》等相关法律法规未对采购人代表的资格条件提出明确要求，因此采购人对采购人代表的选择确定也未引起足够的重视。实践中由于采购人代表对政府采购法律法规不熟悉、不了解而引起的评审违法违规问题时有发生，主要表现在以下三点。

一是违反政府采购相关法律的程序性要求，比如作为采购人代表参加评审时不提供授权委托函，未在评审报告、相关承诺书中签字等。

二是无法有效发挥独立评审作用，对招标文件中的评审要求和评分标准理解不到位，在具体评审环节参与度低，往往完全参照评审专家意见进行评审。

三是评审现场发表不当言论。比如直接表达和间接引导。直接表达为希望某个品牌的产品成交或点出供应商的名称、产品的品牌和型号，明确表达对其喜爱或者反感等；间接引导为超出采购文件的规定范围，有意提高对某些指标的要求，或表示出对某些指标的关注，用对指标参数的好恶或用自己或者他人的经验、习惯间接表达对供应商或者产品和服务的好恶（在采购实践中，特别是财政部门要求对评审活动录音录像后，直接表达的情况越来越少，更多的是用间接方式引导）。

为确保评审过程的合法合规，采购人和代理机构在政府采购过程中应当把握以下操作要点。

（1）评审专家从省级以上人民政府财政部门专家库中抽取。技术复杂、专业性强的项目，经主管预算单位同意，可以自行选定评审专家。

（2）人员数量、构成以及抽取过程合法，不在凌晨等异常时间抽取专家，实际评审专家与抽取结果一致（含变更）。

（3）评审活动在严格保密的情况下进行，评审委员会成员、采购人员和代理机构工作人员、相关监督人员等与评审工作有关的人员，对评审情况以及评审过程中获悉的国家秘密、商业秘密负有保密责任。

（4）评审专家不得与参加采购活动的供应商存在利害关系。

（5）采购人委托代表参加评审，应向代理机构出具授权函，不得担任评审委员会组长。

（6）采购人委派的纪检监察人员不超过 2 人，无关人员不能进入评审现场。

（7）采购人需要在评审前介绍项目背景和技术需求的，介绍内容不得存在歧视性、倾向性意见，不得超出采购文件所述范围，书面介绍材料作为采购项目文件随其他文件一并存档；评审过程中，采购人代表不能以个人看法为由，作倾向性、误导性的发言。当评审专家主动询问时，采购人代表不能应邀介绍自己的倾向或有可能起误导作用的感受、说明等。

（8）评审全程录音录像，且录音录像应当清晰可辨并作为采购项目文件随其他文件一并存档。

（9）按照采购文件中规定的评审方法和标准进行评审，对评审数据进行核对、校对，客观分保持一致，并提示评审委员会对畸高、畸低重大差异分进行复核或书面说明理由。采购人、采购代理机构发现评审委员会未按照采购文件规定的评审标准进行评审的，应当重新开展采购活动，并同时书面报告本级财政部门。

（10）评审报告的内容完整明确，符合相关法律法规要求。

第八章　确定中标（成交）供应商

一、工作原则

采购人做好政府采购确定中标（成交）供应商环节工作应严格坚持三项原则。

一是及时有效确认。评审结束后，采购人应当根据政府采购法律规定和单位内部审核制度的要求及时确认成交结果，并在规定时间内向成交供应商发送成交通知书。

二是严格规范结果确认流程。防止采购结果确认时间晚于成交公告发布时间、逾期发出成交通知书等采购程序不合规情形的发生。

三是谨慎对待成交结果。成交通知书发出后，采购人不得违法改变成交结果。重点防止采购人或者采购代理机构通过对样品进行检测、对供应商考察等方式改变评审结果或成交结果等违法情形的发生。

二、相关规定汇总

1. 《中华人民共和国政府采购法实施条例》（节选）

第四十三条　采购代理机构应当自评审结束之日起2个工作日内将评审报告送交采购人。采购人应当自收到评审报告之日起5个工作日内在评审报告推荐的中标或者成交候选人中按顺序确定中标或者成交供应商。

采购人或者采购代理机构应当自中标、成交供应商确定之日起2个工作日内，发出中标、成交通知书，并在省级以上人民政府财政部门指定的媒体上公告中标、成交结果，招标文件、竞争性谈判文件、询价通知书随中标、成交结果同时公告。

中标、成交结果公告内容应当包括采购人和采购代理机构的名称、地址、联系方式，项目名称和项目编号，中标或者成交供应商名称、地址和中标或者成交金额，主要中标或者成交标的的名称、规格型号、数量、单价、服务要求以及评审专家名单。

2.《政府采购货物和服务招标投标管理办法》（财政部令第 87 号）（节选）

第六十九条　采购人或者采购代理机构应当自中标人确定之日起 2 个工作日内，在省级以上财政部门指定的媒体上公告中标结果，招标文件应当随中标结果同时公告。

中标结果公告内容应当包括采购人及其委托的采购代理机构的名称、地址、联系方式，项目名称和项目编号，中标人名称、地址和中标金额，主要中标标的的名称、规格型号、数量、单价、服务要求，中标公告期限以及评审专家名单。

中标公告期限为 1 个工作日。

邀请招标采购人采用书面推荐方式产生符合资格条件的潜在投标人的，还应当将所有被推荐供应商名单和推荐理由随中标结果同时公告。

在公告中标结果的同时，采购人或者采购代理机构应当向中标人发出中标通知书；对未通过资格审查的投标人，应当告知其未通过的原因；采用综合评分法评审的，还应当告知未中标人本人的评审得分与排序。

三、案例分析

（一）超期确认采购结果

>> **案例 1**

案情描述：

在×××单位采购项目中，采购档案显示该采购项目于 2019 年 2 月

21 日进行磋商，2019 年 2 月 25 日收到代理机构的评审报告要求采购人对采购结果予以确认，但采购人于 2019 年 3 月 6 日才向代理机构发送成交采购结果确认函。

点评分析：

超期确认采购结果。采购人应当自收到评审报告之日起 5 个工作日内在评审报告推荐的中标或者成交候选人中按顺序确定中标或者成交供应商。

依据：

《中华人民共和国政府采购法实施条例》第四十三条。

>> **案例 2**

案情描述：

×××单位采购项目中标公告发布时间为 2021 年 9 月 10 日，采购确认结果时间为 2021 年 9 月 15 日。

点评分析：

采购结果确认时间晚于成交公告发布时间，程序不合规。采购人或者采购代理机构应当自中标、成交供应商确定之日起 2 个工作日内，发出中标、成交通知书，并在省级以上人民政府财政部门指定的媒体上进行公告。

依据：

《中华人民共和国政府采购法实施条例》第四十三条，《政府采购货物和服务招标投标管理办法》（财政部令第 87 号）第六十九条。

（二）逾期发出成交通知书

案情描述：

×××单位采购项目的采购档案显示为 2021 年 3 月 8 日确认采购结果，成交通知书为 2021 年 3 月 27 日发出。

点评分析：

逾期发出成交通知书。采购人或者采购代理机构应当自中标、成交供应商确定之日起 2 个工作日内，发出中标、成交通知书。

依据：

《中华人民共和国政府采购法实施条例》第四十三条。

四、工作指引

确认中标（成交）供应商是采购流程中的重要环节，是政府采购执行规范性的重要体现，也是提高政府采购效率的表现。采购人应依法根据评审结果确定中标（成交）供应商，确保采购结果满足采购需求，并做到及时反馈信息，但实践中不同的采购单位对于采购流程风险防控的尺度把握差别较大，经常出现采购结果确认不及时、逾期发出成交通知书等程序性违法违规问题。究其原因，一是该环节制度框架较为粗放，需求或采购部门在实际操作中自由裁量权较大，对此未引起足够的重视；二是制度流程较为繁琐，造成内部环节过多、流程复杂、实际操作困难。

因此各采购单位需要在参照政府采购相关法律法规的基础上，结合业务工作实际，完善内部审核制度，根据法律制度和有关政策要求细化内部审核的各项要素、审核标准、审核权限和工作要求。明确各个节点的工作时限，确保在规定时间内完成，进一步提高政府采购效率。

为确保确定供应商环节的合法合规，采购人和代理机构在政府采购过程中应当把握以下操作要点。

（1）采购代理机构应当自评审结束之日起 2 个工作日内将评审报告送交采购人。

（2）采购人应当自收到评审报告之日起 5 个工作日内在评审报告推荐的中标或者成交候选人中按顺序确定中标或者成交供应商。

（3）除国务院财政部门规定的情形外，采购人、采购代理机构不得以任何理由组织重新评审。采购人、代理机构按照国务院财政部门规定组织重新评审的，应当书面报告本级人民政府财政部门。

（4）采购人或者采购代理机构不得对样品进行检测、对供应商考察等方式改变评审结果。

（5）采购文件未明示有进口产品，成交产品原产地为中华人民共和国行政管辖区域，不包括香港、澳门和台湾金马等单独关境地区。

（6）采购人或者采购代理机构应当自中标（成交）供应商确定之日起2个工作日内，发出中标（成交）通知书。

（7）成交通知书发出后，采购人不得违法改变成交结果，成交人无正当理由不得放弃成交。

第九章 发布采购结果公告

一、工作原则

采购人、代理机构做好政府采购采购结果公告工作应严格坚持以下二项原则。

一是及时进行发布。采购人或者采购代理机构应当自发出中标（成交）通知书的同时，在省级以上人民政府财政部门指定的媒体上发布中标（成交）公告。

二是发布内容完整明确。为提高政府采购透明度，应当根据法律法规的规定进行采购结果公告，公告的内容需完整明确。

二、相关规定汇总

《中华人民共和国政府采购法实施条例》（节选）

第四十三条 采购代理机构应当自评审结束之日起 2 个工作日内将评审报告送交采购人。采购人应当自收到评审报告之日起 5 个工作日内在评审报告推荐的中标或者成交候选人中按顺序确定中标或者成交供应商。

采购人或者采购代理机构应当自中标、成交供应商确定之日起 2 个工作日内，发出中标、成交通知书，并在省级以上人民政府财政部门指定的媒体上公告中标、成交结果，招标文件、竞争性谈判文件、询价通知书随中标、成交结果同时公告。

中标、成交结果公告内容应当包括采购人和采购代理机构的名称、地址、联系方式，项目名称和项目编号，中标或者成交供应商名称、地址和中标或者成交金额，主要中标或者成交标的的名称、规格型号、数量、单价、服务要求以及评审专家名单。

三、案例分析

（一）公告时间违规

案情描述：

①×××单位采购项目中，成交公告发布时间为 2021 年 4 月 19 日，成交通知书发出时间为 2021 年 4 月 28 日。

②×××单位采购项目中标公告发布时间为 2021 年 11 月 30 日，中标通知书发出时间为 2021 年 11 月 25 日。

点评分析：

中标公告与中标通知书发出时间不一致，不符合相关法律规定。采购人或者采购代理机构应当自发出中标通知书的同时，在省级以上人民政府财政部门指定的媒体上发布中标公告。

依据：

《中华人民共和国政府采购法实施条例》第四十三条。

（二）公告内容不完整

案情描述：

×××单位采购项目中，成交公告未体现成交产品的规格型号及单价。

点评分析：

成交公告内容不完整，不符合相关法律规定。中标、成交结果公告内容应当包括采购人和采购代理机构的名称、地址、联系方式，项目名称和项目编号，中标或者成交供应商名称、地址和中标或者成交金额，主要中标或者成交标的的名称、规格型号、数量、单价、服务要求以及评审专家名单。

依据：

《中华人民共和国政府采购法实施条例》第四十三条。

四、工作指引

采购结果信息公告是政府采购活动公开、透明的重要体现，也是加强改进社会监督，提升政府公信力的重要举措，对于规范政府采购行为，维护政府采购活动的公开、公平和公正具有重要意义。

采购结果公告是经常被采购人和代理机构忽视的一个环节，实践中主要出现的问题有两点，一是发布时间违法问题，主要表现在成交公告与成交通知书发出时间不一致、逾期发布公告；二是公告内容不完整、不明确的问题，如缺少体现成交产品的品牌、规格型号及单价等内容。

因此各采购单位应做好以下工作：一是加强组织领导，建立政府采购信息公开工作机制，落实责任分工，切实履行政府采购信息公开的责任和义务；二是落实技术保障，及时做好相关信息系统和网络媒体的升级改造，创新信息公开方式，完善信息公开功能，提高政府采购信息公开的自动化水平；三是做好跟踪回应，各地区、各部门要主动回应信息公开工作中出现的情况和问题，做好预判、预案和跟踪，主动发声，及时解惑。

为确保确定结果公告的合法合规，采购人和代理机构在政府采购过程中应当把握以下操作要点。

（1）采购人或者采购代理机构应当自中标、成交供应商确定之日起2个工作日内，发出中标、成交通知书，并在省级以上人民政府财政部门指定的媒体上公告中标、成交结果，招标文件、竞争性谈判文件、询价通知书随中标、成交结果同时公告。

（2）中标、成交结果公告内容应当包括采购人和采购代理机构的名称、地址、联系方式，项目名称和项目编号，中标或者成交供应商名称、地址和中标或者成交金额，主要中标或者成交标的的名称、规格型号、数量、单价、服务要求以及评审专家名单。

（3）邀请招标采购人采用书面推荐方式产生符合资格条件潜在投标人的，还应当将所有被推荐供应商名单和推荐理由随中标结果同时公告。

（4）非招标采用书面推荐供应商参加采购活动的，还应当公告采购人和评审专家的推荐意见。

（5）在公告中标结果的同时，采购人或采购代理机构应向中标人发出中标通知书；对未通过资格审查的投标人，应当告知其未通过的原因；采用综合评分法评审的，还应当告知未中标人本人的评审得分与排序。

第十章　签订采购合同

一、工作原则

采购人做好政府采购合同管理工作应遵循以下四项原则。

一是及时规范签订采购合同。中标、成交通知书对采购人和成交供应商均具有法律效力，应自中标、成交通知书发出之日起 30 日内签订政府采购合同。

二是签订内容合法合规。政府采购合同是明确采购人和供应商权利义务关系的法律文书，采购人和成交供应商应当采用书面形式签订，自双方签字、盖章时合同成立，其内容不仅"保护政府采购当事人的合法权益"，还要"维护国家利益和社会公共利益"。

三是法定条款齐全要点明确。合同文本中除了应当包含标的名称、价款或者报酬等法定必备条款，还应注意对履约验收、违约责任与解决争议的方法、知识产权的归属（如订购、设计、定制开发的信息化建设项目等）等条款予以明确梳理并详细约定。

四是谨慎变更采购合同。《中华人民共和国政府采购法》规定，采购人与中标、成交供应商签订书面合同，依据的是采购文件和中标、成交供应商响应文件的规定，所签订的合同不得对采购文件确定的事项和供应商响应文件作实质性修改。只有在采购合同继续履行将损害国家利益和社会公共利益的情况下，才可进行合同变更。如无此类情况，采购工作完成后，采购人和供应商应严格按照采购文件和供应商响应文件确定的事项签订合同并执行。

二、相关规定汇总

1. 《中华人民共和国政府采购法》（节选）

第三条 政府采购应当遵循公开透明原则、公平竞争原则、公正原则和诚实信用原则。

第六条 政府采购应当严格按照批准的预算执行。

第四十三条 政府采购合同适用合同法。采购人和供应商之间的权利和义务，应当按照平等、自愿的原则以合同方式约定。

采购人可以委托采购代理机构代表其与供应商签订政府采购合同。由采购代理机构以采购人名义签订合同的，应当提交采购人的授权委托书，作为合同附件。

第四十六条 采购人与中标、成交供应商应当在中标、成交通知书发出之日起三十日内，按照采购文件确定的事项签订政府采购合同。

2. 《中华人民共和国政府采购法实施条例》（节选）

第五十条 采购人应当自政府采购合同签订之日起 2 个工作日内，将政府采购合同在省级以上人民政府财政部门指定的媒体上公告，但政府采购合同中涉及国家秘密、商业秘密的内容除外。

第六十七条 采购人有下列情形之一的，由财政部门责令限期改正，给予警告，对直接负责的主管人员和其他直接责任人员依法给予处分，并予以通报：

（一）未按照规定编制政府采购实施计划或者未按照规定将政府采购实施计划报本级人民政府财政部门备案；

（二）将应当进行公开招标的项目化整为零或者以其他任何方式规避公开招标；

（三）未按照规定在评标委员会、竞争性谈判小组或者询价小组推荐的中标或者成交候选人中确定中标或者成交供应商；

（四）未按照采购文件确定的事项签订政府采购合同；

（五）政府采购合同履行中追加与合同标的相同的货物、工程或者服务的采购金额超过原合同采购金额 10%；

（六）擅自变更、中止或者终止政府采购合同；

（七）未按照规定公告政府采购合同；

（八）未按照规定时间将政府采购合同副本报本级人民政府财政部门和有关部门备案。

3.《政府采购货物和服务招标投标管理办法》（财政部令第 87 号）（节选）

第十一条　采购需求应当完整、明确，包括以下内容：

（一）采购标的需实现的功能或者目标，以及为落实政府采购政策需满足的要求；

（二）采购标的需执行的国家相关标准、行业标准、地方标准或者其他标准、规范；

（三）采购标的需满足的质量、安全、技术规格、物理特性等要求；

（四）采购标的的数量、采购项目交付或者实施的时间和地点；

（五）采购标的需满足的服务标准、期限、效率等要求；

（六）采购标的的验收标准；

（七）采购标的的其他技术、服务等要求。

第二十条　采购人或者采购代理机构应当根据采购项目的特点和采购需求编制招标文件。招标文件应当包括以下主要内容：

（一）投标邀请；

（二）投标人须知（包括投标文件的密封、签署、盖章要求等）；

（三）投标人应当提交的资格、资信证明文件；

（四）为落实政府采购政策，采购标的需满足的要求，以及投标人须提供的证明材料；

（五）投标文件编制要求、投标报价要求和投标保证金交纳、退还方式以及不予退还投标保证金的情形；

（六）采购项目预算金额，设定最高限价的，还应当公开最高限价；

（七）采购项目的技术规格、数量、服务标准、验收等要求，包括附件、图纸等；

（八）拟签订的合同文本；

（九）货物、服务提供的时间、地点、方式；

（十）采购资金的支付方式、时间、条件；

（十一）评标方法、评标标准和投标无效情形；

（十二）投标有效期；

（十三）投标截止时间、开标时间及地点；

（十四）采购代理机构代理费用的收取标准和方式；

（十五）投标人信用信息查询渠道及截止时点、信用信息查询记录和证据留存的具体方式、信用信息的使用规则等；

（十六）省级以上财政部门规定的其他事项。

对于不允许偏离的实质性要求和条件，采购人或者采购代理机构应当在招标文件中规定，并以醒目的方式标明。

第七十一条　采购人应当自中标通知书发出之日起 30 日内，按照招标文件和中标人投标文件的规定，与中标人签订书面合同。所签订的合同不得对招标文件确定的事项和中标人投标文件作实质性修改。

采购人不得向中标人提出任何不合理的要求作为签订合同的条件。

第七十二条　政府采购合同应当包括采购人与中标人的名称和住所、标的、数量、质量、价款或者报酬、履行期限及地点和方式、验收要求、违约责任、解决争议的方法等内容。

4.《政府采购非招标采购方式管理办法》（财政部令第 74 号）（节选）

第十九条　采购人与成交供应商应当在成交通知书发出之日起 30 日内，按照采购文件确定的合同文本以及采购标的、规格型号、采购金额、采购数量、技术和服务要求等事项签订政府采购合同。

采购人不得向成交供应商提出超出采购文件以外的任何要求作为签订合同的条件，不得与成交供应商订立背离采购文件确定的合同文本以及采购标的、规格型号、采购金额、采购数量、技术和服务要求等实质性内容的协议。

5.《政府采购竞争性磋商采购方式管理暂行办法》（财库〔2014〕214 号）（节选）

第三十条　采购人与成交供应商应当在成交通知书发出之日起 30 日内，按照磋商文件确定的合同文本以及采购标的、规格型号、采购金额、采购数量、技术和服务要求等事项签订政府采购合同。

采购人不得向成交供应商提出超出磋商文件以外的任何要求作为签订合同的条件，不得与成交供应商订立背离磋商文件确定的合同文本以及采购标的、规格型号、采购金额、采购数量、技术和服务要求等实质性内容的协议。

6.《政府采购需求管理办法》（财库〔2021〕22 号）（节选）

第十三条　采购实施计划主要包括以下内容：

（一）合同订立安排，包括采购项目预（概）算、最高限价，开展采购活动的时间安排，采购组织形式和委托代理安排，采购包划分与合同分包，供应商资格条件，采购方式、竞争范围和评审规则等。

（二）合同管理安排，包括合同类型、定价方式、合同文本的主要条款、履约验收方案、风险管控措施等。

第二十三条　合同文本应当包含法定必备条款和采购需求的所有内容，包括但不限于标的名称，采购标的质量、数量（规模），履行时间（期限）、地点和方式，包装方式，价款或者报酬、付款进度安排、资金支付方式，验收、交付标准和方法，质量保修范围和保修期，违约责任与解决争议的方法等。

采购项目涉及采购标的的知识产权归属、处理的，如订购、设计、定制开发的信息化建设项目等，应当约定知识产权的归属和处理方式。

采购人可以根据项目特点划分合同履行阶段，明确分期考核要求和对应的付款进度安排。对于长期运行的项目，要充分考虑成本、收益以及可能出现的重大市场风险，在合同中约定成本补偿、风险分担等事项。

合同权利义务要围绕采购需求和合同履行设置。国务院有关部门依法制定了政府采购合同标准文本的，应当使用标准文本。属于本办法第十一条规定范围的采购项目，合同文本应当经过采购人聘请的法律顾问审定。

7.《财政部关于做好政府采购信息公开工作的通知》（财库〔2015〕135 号）（节选）

二、认真做好政府采购信息公开工作

4. 中标、成交结果。

中标、成交结果公告的内容应当包括采购人和采购代理机构名称、地址、联系方式；项目名称和项目编号；中标或者成交供应商名称、地址和中标或者成交金额；主要中标或者成交标的的名称、规格型号、数量、单价、服务要求或者标的的基本概况；评审专家名单。协议供货、定点采购项目还应当公告入围价格、价格调整规则和优惠条件。采用书面推荐供应商参加采购活动的，还应当公告采购人和评审专家的推荐意见。

中标、成交结果应当自中标、成交供应商确定之日起 2 个工作日内公告，公告期限为 1 个工作日。

7. 采购合同。

政府采购合同应当自合同签订之日起 2 个工作日内公告。批量集中采购项目应当公告框架协议。政府采购合同中涉及国家秘密、商业秘密的部分可以不公告，但其他内容应当公告。政府采购合同涉及国家秘密的内容，由采购人依据《保守国家秘密法》等法律制度规定确定。采购合同中涉及商业秘密的内容，由采购人依据《反不正当竞争法》、《最高人民法院关于适用〈中华人民共和国民事诉讼法〉若干问题的意见》（法发〔1992〕22 号）等法律制度的规定，与供应商在合同中约定。其中，合同标的名称、规格型号、单价及合同金额等内容不得作为商业秘密。合同中涉及个人隐私的姓名、联系方式等内容，除征得权利人同意外，不得对外公告。

2015 年 3 月 1 日以后签订的政府采购合同，未按要求公告的，应当于 2015 年 10 月 31 日以前补充公告。

三、案例分析

（一）合同签订时间超期

>> **案例 1**

案情描述：

①×××单位中标公告发布时间为 2021 年 11 月 8 日，采购合同签订时间为 2021 年 12 月 21 日。

②×××单位成交通知书发出时间为 2021 年 3 月 24 日，采购合同签订时间为 2021 年 5 月 28 日。

点评分析：

采购人未在中标、成交通知书发出之日起 30 日内与中标、成交供应商签订书面合同。

依据：

《中华人民共和国政府采购法》第四十六条，《政府采购货物和服务招标投标管理办法》（财政部令第 87 号）第七十一条，《政府采购非招标采购方式管理办法》（财政部令第 74 号）第十九条，《政府采购竞争性磋商采购方式管理暂行办法》（财库〔2014〕214 号）第三十条。

>> **案例 2**

案情描述：

×××单位中标通知书落款时间为 2019 年 5 月 6 日，合同签订时间为 2019 年 5 月 1 日。

点评分析：

采购合同签订日期早于中标、成交通知书发放日期，采购程序不合法。

依据：

《中华人民共和国政府采购法》第三条、第六条、第四十六条，《政府采购货物和服务招标投标管理办法》（财政部令第 87 号）第七十一条。

（二）合同签订内容与采购文件不符

特别提示：采购人不得向中标（成交）供应商提出超出采购文件以外的任何要求作为签订合同的条件，不得与中标（成交）供应商订立背离采购文件确定的合同文本以及采购标的、规格型号、采购金额、采购数量、技术和服务要求等实质性内容的协议。案例 1～6 均属于未按采购文件和中标（成交）供应商的响应文件确定的事项签订政府采购合同的情形，适用法律依据相同。为方便了解学习，根据不同情形，分别进行举例分析。

>> **案例 1**

案情描述：

×××单位采购项目中成交通知书价格为 119.8 万元，而签订的采购合同价格为 119 万元。

点评分析：

成交价与合同价不一致，属于未按照成交供应商的响应文件确定的事项签订政府采购合同的情形。应当加强合同审核与管理，按照成交价签订政府采购合同。

>> **案例 2**

案情描述：

①×××单位招标文件规定付款比例为 25%、50%、25%；采购合同中规定付款比例为 25%、65%、10%。

②×××单位采购文件规定付款方式为首付约 40%；采购合同中规定付款方式首付为 43.78%。

③×××单位实际签订的合同"费用支付方式"由采购文件中的"于委托周期截止前4个月支付剩余全部款项"改为"于委托周期截止前3个月支付剩余全部款项"。

④×××单位采购文件要求合同签订后35个日历日到货，签订的采购合同改为45个日历日。

⑤×××单位招标文件的合同约定付款进度在签订后60日内支付，实际签订的采购合同改为在签订后30日内支付。

点评分析：

改变付款比例、付款时间、到货时间，属于未按采购文件确定的事项签订政府采购合同的情形。应当加强合同审核与管理，按照采购文件规定的付款比例、付款时间、到货时间签订政府采购合同。

>> **案例3**

案情描述：

×××单位采购文件载明项目合作周期为"自2020年1月1日起，至2020年12月31日止"，合同改为"该项工作委托周期自2020年4月1日至2020年12月31日止"。

点评分析：

改变履约期限，属于未按采购文件确定的事项签订政府采购合同的情形。应当加强合同审核与管理，按照采购文件规定的履约期限签订政府采购合同。

>> **案例4**

案情描述：

×××单位采购文件"第六章　技术需求书"中要求的工作包括"协调联系评审专家，包括对专家库进行更新维护，协调联系确定管理组、技术组评审专家等"，而签订的采购合同中委托工作内容不包括此项，也未进行履约验收。

点评分析：

该项目签订的采购合同对采购文件技术需求部分内容进行了删减，属于对采购文件确定的技术和服务要求等实质性内容的变更。应当加强合同审核与管理，按照采购文件规定的内容签订政府采购合同。

>> **案例5**

案情描述：

×××单位采购文件合同范本中有关"委托内容""外包工作内容""委托任务及工作时限""经费与结算支付""委托期限"等内容与实签合同内容存在多处差异。

点评分析：

未按采购文件确定的事项签订政府采购合同。应当加强合同审核与管理，按照采购文件规定的"委托内容""外包工作内容""委托任务及工作时限""经费与结算支付""委托期限"等内容签订政府采购合同。

>> **案例6**

案情描述：

×××单位招标文件载明"是否提交履约保证金：否"，采购合同约定履约保证金为中标金额的2%。

点评分析：

采购合同中增加约定履约保证金，与采购文件规定不一致，属于未按采购文件确定的事项签订政府采购合同的情形。应当根据采购文件规定签订政府采购合同。

案例1~6的依据：

《中华人民共和国政府采购法》第四十六条，《政府采购货物和服务招标投标管理办法》（财政部令第87号）第七十一条，《政府采购非招标采购方式管理办法》（财政部令第74号）第十九条，《政府采购竞争性磋商采购方式管理暂行办法》（财库〔2014〕214号）第三十条。

（三）合同签订内容不完整

>> **案例 1**

案情描述：

×××单位采购合同未对供应商在谈判过程中给予的澄清内容予以确定。

点评分析：

签订的采购合同内容不齐全、不完备。为保护采购人与供应商的合法权益，维护采购活动的合法有序进行，对于采购过程中出现的变化应根据实际情况在采购合同中予以确定。

依据：

《政府采购需求管理办法》（财库〔2021〕22 号）第二十三条。

>> **案例 2**

案情描述：

×××单位签订的采购合同未明确规定项目验收方案或未对验收、交付标准和方法等内容进行明确规定。

点评分析：

政府采购合同应当包括采购人与中标人的名称和住所、标的、数量、质量、价款或者报酬、履行期限及地点和方式、验收要求、违约责任、解决争议的方法等内容。

依据：

《政府采购货物和服务招标投标管理办法》（财政部令第 87 号）第十一条、第二十条、第七十二条，《政府采购需求管理办法》（财库〔2021〕22 号）第十三条、第二十三条。

（四）合同签订不规范

案情描述：

①×××单位部分采购合同未载明合同签署时间。

②×××单位采购合同未填写交货时间、地点等。

③×××单位采购合同签订日期为 2021 年 4 月 1 日，合同内注明 2021 年 3 月 31 日前送达货物，且未指定签收人。

点评分析：

合同签订不严谨，要素不齐全、内容矛盾。应当加强合同管理，合同签订前需经审核。

依据：

《中华人民共和国政府采购法》第四十三条，《政府采购货物和服务招标投标管理办法》（财政部令第 87 号）第七十二条，《政府采购需求管理办法》（财库〔2021〕22 号）第二十三条。

（五）违规签订补充协议

案情描述：

×××单位采购项目签订补充协议追加与合同标的相同的货物，采购金额超过原合同采购金额的 10%。

点评分析：

政府采购合同履行中追加与合同标的相同的货物、工程或者服务的采购金额不得超过原合同采购金额 10%，否则采购人应承担相应责任。

依据：

《中华人民共和国政府采购法实施条例》第六十七条。

（六）合同公示不合规

>> **案例 1**

案情描述：

×××单位部分采购项目未发布合同公示。

点评分析：

采购人应当自政府采购合同签订之日起 2 个工作日内，将政府采购合同在省级以上人民政府财政部门指定的媒体上公告，但政府采购合同中涉及国家秘密、商业秘密的内容除外。

>> **案例 2**

案情描述：

×××单位采购合同签订时间为 2021 年 6 月 11 日，合同公告时间为 2021 年 11 月 26 日。

点评分析：

合同公示超期，未在政府采购合同签订之日起 2 个工作日内及时公告采购合同。

>> **案例 3**

案情描述：

×××单位采购合同公示未附合同。

点评分析：

政府采购合同中涉及国家秘密、商业秘密的部分可以不公告，但其他内容应当公告。

案例 1～3 的依据：

《中华人民共和国政府采购法实施条例》第五十条，《财政部关于做好政府采购信息公开工作的通知》（财库〔2015〕135 号）第二部分。

>> **案例 4**

案情描述：

×××单位采购合同签订时间为 2021 年 8 月 9 日，合同公示中错误显示合同签订时间为 2021 年 12 月 31 日。

点评分析：

合同公示工作不严谨，公示内容存在错误，应加强相关工作的管理和审核。

依据：

《财政部关于做好政府采购信息公开工作的通知》（财库〔2015〕135 号）第二部分。

四、工作指引

采购合同是政府采购活动过程中的重要文件，采购合同不仅是合同双方权利、义务的主要体现，也是政府采购结果的最终见证，还是政府采购监督管理部门对政府采购活动进行监督管理的重要依据，依法订立和履行合同既有利于巩固采购成果，也有利于实现政府采购的目的。

实践中，关于政府采购合同违法违规问题主要体现为三点：一是政府采购合同签订时间超期问题，采购人确认采购结果后，往往会因为合同签订的内部审批流程过于冗长、手续繁琐等原因不能在法律规定的 30 日内签订合同；二是签订的合同与采购文件规定不一致的问题，例如变更付款方式、履约期限、成交价格等，该问题在采购活动执行中普遍存在，采购人对此应格外注意；三是合同管理问题尚待加强，例如合同签订不严谨，未明确履约期限、验收标准、违约责任等问题，不利于合同双方后续的履约以及权利救济。

针对上述问题，采购人在合同签订过程中需注意以下五点。

一是采购单位要加强内部审核。严格按照采购文件和中标、成交供应商投标（响应）文件约定事项在中标、成交通知书发出之日起 30 日内依法签订采购合同。明确办结时限和涉密事项的保密要求，指定专人负责，确保按要求及时完成公告及备案工作。

二是合同文本内容要素齐全。包括但不限于：标的名称，采购标的质量、数量（规模），履行时间（期限）、地点和方式，包装方式，价款或者报酬、付款进度安排、资金支付方式，验收、交付标准和方法，质量保修范围和保修期，违约责任与解决争议的方法等。采购需求、项目验收标准和程序应当作为采购合同的附件。

三是明确采购合同要点。采购合同的签订意味着采购人与供应商在采购价格、交易进度、付款方式等方面就权利与义务达成了共识，后期履约需要以此为依据，且具有法律效力。如果采购合同订立不当或者条款不明确，就有可能产生纠纷，采购人的合法权益将受到一定的损失。

政府采购合同中应当注意对检验标准、方案及期限、知识产权归属（如涉及）、违约赔偿责任、权利救济方式等予以明确。

四是及时进行合同公告。采购人应当自政府采购合同签订之日起 2 个工作日内，将政府采购合同在省级以上人民政府财政部门指定的媒体上公告，但政府采购合同中涉及国家秘密、商业秘密的内容除外。

五是注意进行合同备案。政府采购项目的采购合同自签订之日起 7 个工作日内，采购人应当将合同副本报同级政府采购监督管理部门和有关部门备案。

采购履约管理

第十一章　履约验收

第十二章　资金支付

第十一章　履约验收

一、工作原则

采购人做好履约验收工作应当把握好以下五项原则。

一是强化采购人履约验收的主体责任。强化采购人主体责任，明确采购主体职责，是中央对政府采购制度改革的基本要求。采购人应当切实做好履约验收工作，完善内部机制、强化内部监督、细化内部流程，把履约验收嵌入本单位内部管理流程，加强相关工作的组织、人员和经费保障。

二是确定科学合理的履约验收方式。根据不同类型项目，选择不同的履约验收方式。对于采购人和使用人分离的采购项目，应当邀请实际使用人参与验收。对于大型或者复杂的政府采购项目，应当邀请国家认可的质量检测机构参加验收工作。政府向社会公众提供的公共服务项目，验收时应当邀请服务对象参与并出具意见，验收结果应当向社会公告。

三是完善细化履约验收具体方案。采购人或其委托的采购代理机构应当根据项目特点制定验收方案，明确履约验收的时间、方式、程序等内容。技术复杂、社会影响较大的货物类项目，可以根据需要设置出厂检验、到货检验、安装调试检验、配套服务检验等多重验收环节；服务类项目，可根据项目特点对服务期内的服务实施情况进行分期考核，结合考核情况和服务效果进行验收；工程类项目应当按照行业管理部门规定的标准、方法和内容进行验收。

四是严格按照采购合同开展履约验收。采购人或者代理机构应当成立验收小组，按照采购合同的约定对供应商履约情况进行验收。验收时，应当按照采购合同的约定对每一项技术、服务、安全标准的履约情况进行确认。验收结束后，应当出具验收书，列明各项标准的验收情况及项目总体评价，由验收双方共同签署。验收结果应当与采购合同约定的资金支付及履约保证金返还条件挂钩。履约验收的各项资料应当存档备查。

五是切实落实履约验收责任。验收合格的项目采购人应当根据采购合同的约定及时向供应商支付采购资金、退还履约保证金。验收不合格的项目，采购人应当依法及时处理。供应商在履约过程中有政府采购有关法律法规规定的违法违规情形的，采购人应当及时报告本级财政部门。

二、相关规定汇总

1.《中华人民共和国政府采购法》（节选）

第四十一条 采购人或者其委托的采购代理机构应当组织对供应商履约的验收。大型或者复杂的政府采购项目，应当邀请国家认可的质量检测机构参加验收工作。验收方成员应当在验收书上签字，并承担相应的法律责任。

第四十二条 采购人、采购代理机构对政府采购项目每项采购活动的采购文件应当妥善保存，不得伪造、变造、隐匿或者销毁。采购文件的保存期限为从采购结束之日起至少保存十五年。

第六十一条 集中采购机构应当建立健全内部监督管理制度。采购活动的决策和执行程序应当明确，并相互监督、相互制约。经办采购的人员与负责采购合同审核、验收人员的职责权限应当明确，并相互分离。

2.《中华人民共和国政府采购法实施条例》（节选）

第四十五条 采购人或者采购代理机构应当按照政府采购合同规定的技术、服务、安全标准组织对供应商履约情况进行验收，并出具验收书。验收书应当包括每一项技术、服务、安全标准的履约情况。

政府向社会公众提供的公共服务项目，验收时应当邀请服务对象参与并出具意见，验收结果应当向社会公告。

第四十八条 采购文件要求中标或者成交供应商提交履约保证金的，供应商应当以支票、汇票、本票或者金融机构、担保机构出具的保函等非现金形式提交。履约保证金的数额不得超过政府采购合同金额的10%。

3.《政府采购需求管理办法》（财库〔2021〕22号）（节选）

第二十三条 （第三款）合同权利义务要围绕采购需求和合同履行设置。国务院有关部门依法制定了政府采购合同标准文本的，应当使用标准文本。属于本办法第十一条规定范围的采购项目，合同文本应当经过采购人聘请的法律顾问审定。

第二十四条 履约验收方案要明确履约验收的主体、时间、方式、程序、内容和验收标准等事项。采购人、采购代理机构可以邀请参加本项目的其他供应商或者第三方专业机构及专家参与验收，相关验收意见作为验收的参考资料。政府向社会公众提供的公共服务项目，验收时应当邀请服务对象参与并出具意见，验收结果应当向社会公告。

验收内容要包括每一项技术和商务要求的履约情况，验收标准要包括所有客观、量化指标。不能明确客观标准、涉及主观判断的，可以通过在采购人、使用人中开展问卷调查等方式，转化为客观、量化的验收标准。

分期实施的采购项目，应当结合分期考核的情况，明确分期验收要求。货物类项目可以根据需要设置出厂检验、到货检验、安装调试检验、配套服务检验等多重验收环节。工程类项目的验收方案应当符合行业管理部门规定的标准、方法和内容。

履约验收方案应当在合同中约定。

4.《财政部关于促进政府采购公平竞争优化营商环境的通知》（财库〔2019〕38号）（节选）

三、加强政府采购执行管理

规范保证金收取和退还。采购人、采购代理机构应当允许供应商自主选择以支票、汇票、本票、保函等非现金形式缴纳或提交保证金。收取投标（响应）保证金的，采购人、采购代理机构约定的到账（保函提交）截止时间应当与投标（响应）截止时间一致，并按照规定及时退还供应商。收取履约保证金的，应当在采购合同中约定履约保证金退还的方式、时间、条件和不予退还的情形，明确逾期退还履约保证金的违约责任。采购人、采购代理机构不得收取没有法律法规依据的保证金。

5. 《财政部关于推进和完善服务项目政府采购有关问题的通知》（财库〔2014〕37 号）（节选）

四、严格服务项目政府采购履约验收管理

完善服务项目履约验收管理制度。采购人或者集中采购机构应当按照采购合同规定组织履约验收，并出具验收书，验收书应当包括每一项服务要求的履约情况。第二类服务项目，供应商提交的服务成果应当在政府部门内部公开。第三类服务项目，验收时可以邀请第三方评价机构参与并出具意见，验收结果应当向社会公告。以人为对象的公共服务项目，验收时还应按一定比例邀请服务对象参与并出具意见。

鼓励引入政府采购履约担保制度。对于金额较大、履约周期长、社会影响面广或者对供应商有较高信誉要求的服务项目，可以探索运用市场化手段，引入政府采购信用担保，通过履约担保促进供应商保证服务效果，提高服务水平。

6. 《财政部关于做好政府采购信息公开工作的通知》（财库〔2015〕135 号）（节选）

二、认真做好政府采购信息公开工作

（四）政府采购项目信息的公开要求。

10. 政府购买公共服务项目。对于政府向社会公众提供的公共服务项目，除按有关规定公开相关采购信息外，采购人还应当就确定采购需求在指定媒体上征求社会公众的意见，并将验收结果于验收结束之日起 2 个工作日内向社会公告。

7.《财政部关于进一步加强政府采购需求和履约验收管理的指导意见》（财库〔2016〕205 号）（节选）

三、严格规范开展履约验收

（七）完善验收方式。对于采购人和使用人分离的采购项目，应当邀请实际使用人参与验收。采购人、采购代理机构可以邀请参加本项目的其他供应商或第三方专业机构及专家参与验收，相关验收意见作为验收书的参考资料。政府向社会公众提供的公共服务项目，验收时应当邀请服务对象参与并出具意见，验收结果应当向社会公告。

（八）严格按照采购合同开展履约验收。采购人或者采购代理机构应当成立验收小组，按照采购合同的约定对供应商履约情况进行验收。验收时，应当按照采购合同的约定对每一项技术、服务、安全标准的履约情况进行确认。验收结束后，应当出具验收书，列明各项标准的验收情况及项目总体评价，由验收双方共同签署。验收结果应当与采购合同约定的资金支付及履约保证金返还条件挂钩。履约验收的各项资料应当存档备查。

8.《财政部关于加强政府采购活动内部控制管理的指导意见》（财库〔2016〕99 号）（节选）

三、主要措施

（二）合理设岗，强化权责对应。

2. 不相容岗位分离。采购人、集中采购机构应当建立岗位间的制衡机制，采购需求制定与内部审核、采购文件编制与复核、合同签订与验收等岗位原则上应当分开设置。

3. 相关业务多人参与。采购人、集中采购机构对于评审现场组织、单一来源采购项目议价、合同签订、履约验收等相关业务，原则上应当由 2 人以上共同办理，并明确主要负责人员。

9.《中央单位政府采购管理实施办法》（财库〔2004〕104 号）（节选）

第四十三条　中央单位、集中采购机构和其他政府采购代理机构应当按照合同约定，对履约情况进行验收。重大采购项目应当委托国家专业检测机构办理验收事务。

履约验收应当依据事先规定的标准和要求，不得增加新的验收内容或标准。凡符合事先确定标准的，即为验收合格。当事人对验收结论有异议的，应当请国家有关专业检测机构进行检测。

10.《中央单位政府集中采购管理实施办法》（财库〔2007〕3号）（节选）

第十条 中央单位应当依据采购文件和政府采购合同约定，组织对供应商履约的验收，不得另行增加或者改变验收内容和标准。凡符合采购文件和政府采购合同约定的，即为验收合格。

三、案例分析

（一）未按规定组织验收

案情描述：

①×××单位采购项目未按照采购合同的约定期限完成验收工作。

②×××单位采购项目的采购文件和采购合同规定对供应商分三次进行履约验收，采购人只进行了两次履约验收，在项目结束后没有进行终验。

③×××单位物业管理服务采购项目的采购文件和采购合同规定每月对物业公司进行评分、每年进行一次综合考评，但×××单位未对物业公司进行年度综合考评。

④×××单位采购合同签订日期为2021年3月29日，验收日期为2021年3月25日。

点评分析：

采购人应当根据采购项目的具体情况按照采购文件、合同规定的内容、时间等对供应商进行履约验收。

依据：

《中华人民共和国政府采购法实施条例》第四十五条第一款，《财政部关于进一步加强政府采购需求和履约验收管理的指导意见》（财库〔2016〕205号）第三部分，《财政部关于推进和完善服务项目政府采购有关问题的通知》（财库〔2014〕37号）第四部分，《中央单位政府采购管理实施办法》（财库〔2004〕104号）第四十三条，《中央单位政府集中采购管理实施办法》（财库〔2007〕3号）第十条。

（二）验收方式不合规

案情描述：

①×××单位的社会满意度调查项目属于政府向社会公众提供的公共服务项目，验收时未邀请服务对象参与并出具意见，验收结果未向社会公告。

②×××单位采购项目的预算金额高达几亿元，未邀请国家认可的质量检测机构参加验收。

点评分析：

政府向社会公众提供的公共服务项目，验收时应当邀请服务对象参与并出具意见，验收结果应当向社会公告。大型或者复杂的采购项目应当邀请国家认可的质量检测机构参加验收。

依据：

《中华人民共和国政府采购法》第四十一条，《中华人民共和国政府采购法实施条例》第四十五条第二款，《政府采购需求管理办法》（财库〔2021〕22号）第二十三条第三款、第二十四条第一款，《财政部关于做好政府采购信息公开工作的通知》（财库〔2015〕135号）第二部分，《财政部关于进一步加强政府采购需求和履约验收管理的指导意见》（财库〔2016〕205号）第三部分。

（三）验收程序不严谨

案情描述：

①×××单位采购项目经办采购的人员参加了该项目的验收工作。

②×××单位采购项目的《验收意见》显示验收小组成员为 3 人，但未明确履约验收主要负责人员。

③×××单位采购项目的《验收意见》仅有该单位验收小组成员签字，未见供应商签字或盖章。

点评分析：

经办采购的人员与负责验收的人员应相互分离。采购人对于履约验收等相关业务原则上应当由 2 人以上共同办理，并明确主要负责人员。验收结束后应当出具验收书，由验收双方共同签署。

依据：

《中华人民共和国政府采购法》第六十一条，《政府采购需求管理办法》（财库〔2021〕22 号）第二十四条第一款，《财政部关于进一步加强政府采购需求和履约验收管理的指导意见》（财库〔2016〕205 号）第三部分，《财政部关于加强政府采购活动内部控制管理的指导意见》（财库〔2016〕99 号）第三部分。

（四）验收内容不规范

案情描述：

①×××单位采购项目的《验收报告》未对采购合同的每一项技术、服务、安全标准的履约情况进行确认。

②×××单位采购项目的《验收意见》载明"一、乙方已按照合同约定提供电话、电子邮件等 7×24 小时热线技术支持服务"等验收内容，与采购合同规定的"提供 5×9 的电话热线、电子邮件和现场技术服务，7×24 小时应急响应"等内容不相符。

点评分析：

采购人应当按照政府采购合同规定的技术、服务、安全标准组织对供应商履约情况进行验收，验收书应当包括每一项技术、服务、安全标准的履约情况。

依据：

《中华人民共和国政府采购法实施条例》第四十五条第一款，《政府采购需求管理办法》（财库〔2021〕22号）第二十四条第二款，《财政部关于进一步加强政府采购需求和履约验收管理的指导意见》（财库〔2016〕205号）第三部分。

（五）验收方案不明确

案情描述：

①×××单位采购项目的采购合同中未明确约定履约验收方案。

②×××单位采购项目的履约验收方案未明确履约验收的程序、内容和验收标准等事项。

③×××单位采购项目未将验收结果与采购合同约定的资金支付及履约保证金的返还条件相挂钩。

④×××单位绿植采购项目的考核评分表规定"操作规范15分""对失去观赏价值的绿植无条件、及时地进行更换10分"等。

点评分析：

采购合同中应当约定履约验收方案，履约验收方案要明确履约验收的主体、时间、方式、程序、内容和验收标准等事项。验收内容要包括每一项技术和商务要求的履约情况，验收标准要包括所有客观、量化指标。验收结果应当与采购合同约定的资金支付及履约保证金返还条件挂钩。

依据：

《政府采购需求管理办法》（财库〔2021〕22号）第二十四条，《财政部关于进一步加强政府采购需求和履约验收管理的指导意见》（财库〔2016〕205号）第三部分。

（六）违规收取履约保证金

案情描述：

×××单位违规多收取履约保证金103万元，且存在未按政府采购合同约定及时退还供应商的情况。

点评分析：

履约保证金的数额不得超过政府采购合同金额的10%，完成履约验收后，应当按照采购合同约定在规定期限内及时退还给供应商。

依据：

《中华人民共和国政府采购法实施条例》第四十八条，《财政部关于促进政府采购公平竞争优化营商环境的通知》（财库〔2019〕38号）第三部分。

（七）验收档案不完整

案情描述：

①×××单位采购合同规定，供应商需在验收合格后向该单位提供施工质量证明文件、竣工结算报告及完整的结算资料，采购档案中未见相关验收资料。

②×××单位物业服务采购合同规定每季度对供应商的服务情况进行一次综合考评，在一个服务年度内的最后一个季度增加年度物业满意度调查结果考核，采购档案中未见年度满意度调查结果考核资料。

点评分析：

采购人应在项目验收完结后，将验收小组名单、验收方案、验收原始记录、验收结果等资料作为采购项目档案妥善保管，验收资料保存期为采购结束之日起15年。

依据：

《中华人民共和国政府采购法》第四十二条，《财政部关于进一步加强政府采购需求和履约验收管理的指导意见》（财库〔2016〕205号）第三部分。

四、工作指引

履约验收是对供应商履行合同情况的检查和审核，直接影响采购结果和服务的质量，是检验采购质量的关键环节，更是实现政府采购从"程序导向型"向"结果导向型"转变的重要举措。严格规范开展履约验收是加强政府采购结果管理的重要举措，是保证采购质量、开展绩效评价、形成闭环管理的重要环节，对实现采购与预算、资产及财务等管理工作协调联动具有重要意义。

由于采购人、代理机构人力和专业技术等方面的原因，目前政府采购履约验收环节仍然存在诸多问题。

一是验收走过场，重招标、轻验收。该现象在政府采购操作环节中普遍存在，许多政府采购项目的验收工作都流于形式，政府采购一采了之，对于后期的执行阶段，就单纯依靠采供双方合同进行。主要表现为：验收程序不合理，为追求项目进度在未达到验收条件下匆忙组织验收或先支付资金再验收；验收工作走过场，没有制订验收方案或者不认真对照采购文件、合同要求进行验收；验收流程不规范，验收手续不完备或验收报告没有负责人签字；验收方式选择不合理，质量验收手段或验收方法不科学等。

二是责任不明确。采购单位与代理机构之间未明确合同履约验收工作由哪一方组织，代理机构通常承接采购业务后，只负责代理招标业务，在后期完成政府采购合同签订后，基本不对采购合同的履行情况组织进行验收，采购人只能粗浅地对合同进行履约验收。同时，采购人内设采购、验收及监督等职能部门的职责不够明确，缺少内控管理导致在政府采购合同履约过程中，合同履约验收存在管理缺失。

三是程序不规范。验收过程不公开，具体验收人与使用者相互脱节，部分采购人轻视履约验收环节，收而不验，验而不实的现象时有发生，甚至出现与供应商相互串通，默许其改变参数、配置等情况。另外，验收工作中，部分采购项目存在供货内容与合同内容不符等问题。例如，对于一些大型设备的验收，验收小组往往因为缺乏必要的相关知识，所以验收人员在验收时往往仅对产品外观、规格型号等进行验收，而无法通过有效手段对产品内在质量进行判别，影响了验收结果的准确性。此外，有些政府采购环节中的验收方案往往过于简单，欠缺有效举措，不能完全满足验收的需要。程序不规范导致验收工作形同虚设，验收结果与实际情况严重偏离，而且给政府采购项目造成不可估量的经济损失。

针对上述问题，采购人应做到以下五点。

（1）各采购单位应制订或进一步完善履约验收管理办法，明确单位内部履约验收责任主体和监督管理部门，验收流程和环节，验收过程中应完成的工作内容、标准和形成的文档资料，验收结果和合同不一致的处理办法以及验收结果审批流程等。验收结果与采购资金支付结合，形成采购项目的闭环管理。

（2）在采购文件中明确验收内容和质量标准。为便于政府采购主管部门及采购人对采购项目的通盘掌控，建议在编制招标文件时，要有第三方验收机构参与验收方案的制订，并将验收方案编入采购文件中，验收的具体工作按照招标文件确定的验收方案执行。验收方案需明确验收项目以及各项目的验收数量及验收不合格的解决方案等，如货物数量较多，全数验收难以实现，需要抽样验收时，还需明确随机抽样方法及抽样比例。

（3）明确验收方的权利与义务。验收方对供应商的履约情况进行验收，最后要将验收情况在验收书上如实说明，并亲笔签字。验收方要对自己的验收意见负责，如果验收意见与事实不符，损害采购人或者供应商的合法权益，应当承担相应的法律责任。

（4）合理合法地组织好验收工作。采购人要指定验收人员，全权负责验收签字工作。采购人将采购事务委托采购代理机构承办的，采购代理机构应当根据委托代理协议的规定，代理采购人组织验收。

（5）大型或者复杂的采购项目应请专业机构参加验收。政府采购项目很多，有大型项目也有小型项目，有复杂的项目也有简单的项目。采购人在组织验收时，应当根据采购项目的具体情况及验收能力，开展验收工作。通常情况下，大型或者复杂的采购项目，对验收人员的技术要求比较高。为了增强验收能力，更好开展验收工作，采购人应当邀请经过国家认可的专业检测机构，如建设部门认定的工程管理机构、国家质量检测部门认定的检测机构等。

第十二章　资金支付

一、工作原则

采购人在政府采购中要做好资金支付环节工作应当把握好以下两项原则。

一是资金支付规范、合规。采购单位应当按照政府采购管理规定支付采购资金，不得将采购文件和合同中未规定的义务作为向供应商付款的条件，也不得出现未签合同先支付资金等违反采购程序的情形。

二是支付资金及时、准确。应当按照政府采购合同中约定资金支付的方式、时间和条件及时准确地向供应商支付资金，不得以机构变动、人员更替、政策调整等为由延迟支付。

二、相关规定汇总

1.《中华人民共和国政府采购法》（节选）

第三条　政府采购应当遵循公开透明原则、公平竞争原则、公正原则和诚实信用原则。

第六条　政府采购应当严格按照批准的预算执行。

2.《中华人民共和国政府采购法实施条例》（节选）

第五十一条　采购人应当按照政府采购合同规定，及时向中标或者成交供应商支付采购资金。

政府采购项目资金支付程序，按照国家有关财政资金支付管理的规定执行。

3.《财政部关于促进政府采购公平竞争优化营商环境的通知》（财库〔2019〕38 号）（节选）

三、加强政府采购执行管理

及时支付采购资金。政府采购合同应当约定资金支付的方式、时间和条件，明确逾期支付资金的违约责任。对于满足合同约定支付条件的，采购人应当自收到发票后 30 日内将资金支付到合同约定的供应商账户，不得以机构变动、人员更替、政策调整等为由延迟付款，不得将采购文件和合同中未规定的义务作为向供应商付款的条件。

三、案例分析

（一）延迟支付资金

案情描述：

×××单位资金支付时间与合同约定日期不符，延迟付款。

点评分析：

该案例属于未及时支付采购资金的情形，政府采购合同应当约定资金支付的方式、时间和条件，明确逾期支付资金的违约责任。对于满足合同约定支付条件的，采购人应当自收到发票后 30 日内将资金支付到合同约定的供应商账户。

依据：

《中华人民共和国政府采购法实施条例》第五十一条，《财政部关于促进政府采购公平竞争优化营商环境的通知》（财库〔2019〕38 号）第三部分。

（二）支付程序不合规

案情描述：

×××单位采购合同签订时间为 2021 年 3 月 2 日，但资金支付（明细表）显示支付时间为 2021 年 2 月 23 日。

点评分析：

该案例属于未签合同先支付的情形。为保障政府采购双方当事人的权利以及采购项目的合法有效性，采购单位应严格按照政府采购法相关规定开展采购活动，根据采购文件以及合同约定进行资金的支付和项目的履约验收。

依据：

《中华人民共和国政府采购法》第三条、第六条，《中华人民共和国政府采购法实施条例》第五十一条。

四、工作指引

资金支付是采购业务终端环节，也是关键环节。应当进一步加强财政预算执行管理与监督，提高财政资金管理使用的安全性、规范性、有效性。

采购人在采购过程中应注意把控以下三点：一是财务部门要认真审查原始凭证并妥善保存，确保其真实性、合法性和有效性，发现异常情况，及时与供应商进行沟通协调，解决存在的问题，否则拒结款项；二是合理选择付款方式，严格遵循合同条款约定，不走样、无差错；三是应付账款及预付账款的账务处理应当准确、及时，应当定期与供应商核对往来款项余额，杜绝出现延付、错付现象。

采购档案管理

第十三章　档案保存

第十三章　档案保存

一、工作原则

采购人在政府采购中要做好档案管理工作应当把握好以下两项原则。

一是档案管理规范化。采购单位应当严格按照"学用结合、重在实效"的原则，切实提高档案管理意识和观念，建立并完善采购档案管理规章制度，对资料的收集、分类、立卷、归档、保存、利用、移交以及销毁等方面作出明确的规定和要求，从每一个环节上都能保证采购档案管理的规范化。

二是档案保存具有完整性。各采购单位负责人应当对项目负责人提出明确要求，确保每一项采购活动结束后，能及时把政府采购项目审批表、采购评审报告、采购合同、质疑答复、投诉处理等相关的第一手资料一并移交给专职档案管理人员，使之能及时整理汇总和分类管理，并签订文件移交手续，避免政府采购文件被伪造、修改，保证其完整性。

二、相关规定汇总

《中华人民共和国政府采购法》（节选）

第四十二条　采购人、采购代理机构对政府采购项目每项采购活动的采购文件应当妥善保存，不得伪造、变造、隐匿或者销毁。采购文件的保存期限为从采购结束之日起至少保存十五年。

采购文件包括采购活动记录、采购预算、招标文件、投标文件、评标标准、评估报告、定标文件、合同文本、验收证明、质疑答复、投诉处理决定及其他有关文件、资料。

采购活动记录至少应当包括下列内容：

（一）采购项目类别、名称；

（二）采购项目预算、资金构成和合同价格；

（三）采购方式，采用公开招标以外的采购方式的，应当载明原因；

（四）邀请和选择供应商的条件及原因；

（五）评标标准及确定中标人的原因；

（六）废标的原因；

（七）采用招标以外采购方式的相应记载。

三、案例分析

（一）保存期限规定不明

案情描述：

×××单位采购项目未明确采购档案保管期限。

点评分析：

保存期限应为从采购结束之日起至少保存 15 年。

依据：

《中华人民共和国政府采购法》第四十二条。

（二）资料保存不完整

案情描述：

×××单位"数据中心机房节能改造采购项目"因存在违法情形被财政部废标，未对该项目采购档案进行保存。

点评分析：

被废标项目也应该妥善保存好相关采购档案。实践中采购档案中普遍缺少的材料如下：委托代理协议、单一来源审核公示及申请变更和财政部批复文件、变更采购方式审批资料、项目可行性研究报告、采购意向公开截图、评审录音录像、采购文件及响应文件、评审资料（采购人代表授权函、评审专家抽取记录表）、供应商信用信息查询截图、电子卖场等流程性资料、采购公告（含澄清）及成交公告、成交通知书、采购合同、合同公示及备案资料、验收资料及成交供应商应提供的材料（工作报告及经费决算报告）、质疑答复材料。

依据：

《中华人民共和国政府采购法》第四十二条。

四、工作指引

采购档案管理是政府采购的一项基础性工作，是日常采购活动中的关键性环节，是详细记录政府采购全过程的重要依据之一，是财政部门严格履行采购项目监督的一种重要手段。

实践中，采购档案管理是政府采购活动中的薄弱环节，档案保存不完整、不齐全甚至档案丢失的现象非常普遍，归其原因主要是档案管理意识差，一些采购单位和代理机构对采购档案管理认识不到位，制度不健全，整理不及时，散失损坏现象时有发生。此外，即便设有档案管理员的单位，管理人员也不够细致，比如开评标过程的音像资料未与采购文件一并存档，质疑投诉资料未一并收集，无据可查的情况时常出现，这些都有碍于采购工作和监督评价的顺利实施。

对此，各采购单位应注意以下四点：一是建立并完善采购档案管理规章制度，对资料的收集、分类、立卷、归档、保存、利用、移交以及销毁等方面作出明确的规定和要求；二是结合具体采购方式，制作相应采购档案模板，统一归档内容和口径，做到归档有范围，立卷有标准，借阅有规定，保密有条例，查阅有程序，移交有记录，建立健全档案管理内控制度，从每一个环节上都能保证采购档案管理的规范化；三是明确政府采购档案保管的责任人，确保管理人员透彻了解政府采购有关法律法规和程序，按要求完成采购档案的收集、立卷、整理、入库等工作；四是在与采购代理机构签订的委托代理协议中明确采购档案保存的相关事项，做好档案移交的相关工作。档案清单如表 13 - 1 ~ 表 13 - 3 所示。

表 13 - 1 公开招标项目档案清单

序号	内　容
（一）政府采购项目前期准备文件	
1	项目启动请示文
2	项目采购委托协议
3	核准采购进口产品的相关审批材料（如有）
4	采购人对采购文件的确认意见
5	采购文件相关资料：采购文件、采购文件的修改文件（如有）、澄清答疑材料（如有）
6	采购公告或资格预审公告、更正公告（如有）
7	供应商资格审查相关记录（如有）
8	库外专家使用相关说明和材料（如有）
9	最终报名成功供应商登记表及相关材料
（二）政府采购开标文件	
10	投标人代表、监督委员会成员等签到记录
11	投标供应商投标文件
12	开标记录表及投标人开标一览表
13	开标过程有关记录，包括采购项目样品送达记录
14	开标过程其他需要记录的事项
（三）政府采购评审文件	
15	评审专家名单及抽取记录
16	评审专家签到表
17	采购人代表授权函
18	供应商书面澄清材料（如有）
19	评标报告
20	评审过程其他需要记录的事项

续表

序号	内　容
	（四）政府采购中标文件
21	采购人对采购结果的确认意见
22	中标通知书
23	中标公告记录
24	与中标相关的其他文件资料
	（五）政府采购合同文件
25	政府采购合同
26	与政府采购合同相关的其他文件资料
	（六）政府采购验收及结算文件
27	项目验收报告或其他验收文件
28	政府采购项目质量检验单或抽查报告等有关资料
	（七）其他文件
29	供应商质疑材料、处理过程及答复
30	供应商投诉书及相关资料、投诉处理决定
31	采购过程的音像资料
32	其他资料（如领导的批示资料）

表 13－2　竞争性谈判、竞争性磋商、询价项目档案清单目录

序号	内　容
	（一）政府采购项目前期准备文件
1	项目启动请示文
2	项目采购委托协议
3	核准采购进口产品的相关审批材料（如有）
4	采购方式变更申请及批复（如有）
5	采购人对采购文件的确认意见
6	采购文件相关资料：采购文件、采购文件的修改文件（如有）、澄清答疑材料（如有）
7	采购公告或资格预审公告、更正公告（如有）

序号	内　容
8	供应商资格审查相关记录（如有）
9	库外专家使用相关说明和材料（如有）
10	最终报名成功供应商登记表及相关材料
	（二）政府采购评审文件
11	供应商产生方式的相关资料
12	供应商代表等签到记录
13	供应商响应文件
14	评审专家名单及抽取记录
15	评审专家签到表
16	采购人代表授权函
17	供应商书面澄清材料（如有）
18	评审报告
19	评审过程其他需要记录的事项
	（三）政府采购成交文件
20	采购人对采购结果的确认意见
21	成交通知书
22	成交公告记录
23	与成交相关的其他文件资料
	（四）政府采购合同文件
24	政府采购合同
25	与政府采购合同相关的其他文件资料
	（五）政府采购验收及结算文件
26	项目验收报告或其他验收文件
27	政府采购项目质量检验单或抽查报告等有关资料
	（六）其他文件
28	供应商质疑材料、处理过程及答复
29	供应商投诉书及相关资料、投诉处理决定
30	采购过程的音像资料
31	其他资料（如领导的批示资料）

表 13 - 3　单一来源项目档案清单目录

序号	内　容
	（一）政府采购项目前期准备文件
1	项目启动请示文
2	项目采购委托协议
3	核准采购进口产品的相关审批材料（如有）
4	采购方式变更申请及批复（如有）
5	采购文件相关资料：采购文件、采购文件的修改文件（如有）、澄清答疑材料（如有）
6	单一来源公示公告
7	采购人对单一来源采购文件的确认意见
	（二）政府采购评审文件
8	供应商代表等签到记录
9	供应商响应文件
10	评审专家签到表
11	采购人代表授权函（如有）
12	供应商书面澄清材料（如有）
13	评审报告
14	评审过程其他需要记录的事项
	（三）政府采购成交文件
15	采购人对采购结果的确认意见
16	成交通知书
17	采购结果公告记录
18	与成交相关的其他文件资料
	（四）政府采购合同文件
19	政府采购合同
20	与政府采购合同相关的其他文件资料
	（五）政府采购验收及结算文件
21	项目验收报告或其他验收文件
22	政府采购项目质量检验单或抽查报告等有关资料

序号	内　　容
（六）其他文件	
23	供应商质疑材料、处理过程及答复
24	供应商投诉书及相关资料、投诉处理决定
25	采购过程的音像资料
26	其他资料（如领导的批示资料）

采购争议管理

第十四章　质疑处理

第十四章　质疑处理

一、工作原则

采购人、代理机构做好质疑工作，合法有效维护好供应商公平参加政府采购活动的各种权利，应坚持以下四项原则。

一是坚持依法依规原则。采购人、代理机构应当在收到质疑函后在法定期限内作出质疑答复，并及时送达。质疑答复形式和内容应当符合法律规定。

二是坚持诚实信用原则。采购人、代理机构应当针对供应商的质疑事项给予真实、客观的答复，不得对供应商刻意隐瞒，编造虚假事实。

三是坚持公正公平原则。供应商对评审过程、中标或者成交结果提出质疑的，采购人、采购代理机构可以组织原评审委员协助答复质疑，保障供应商参与政府采购活动的公平公正。

四是坚持简便高效原则。收到质疑函应及时有效处理，不得恶意设置法律规定外的要求，提高供应商质疑门槛和维权成本。

二、相关规定汇总

1.《中华人民共和国政府采购法》（节选）

第五十三条　采购人应当在收到供应商的书面质疑后七个工作日内作出答复，并以书面形式通知质疑供应商和其他有关供应商，但答复的内容不得涉及商业秘密。

2.《政府采购质疑和投诉办法》（财政部令第 94 号）（节选）

第十五条　质疑答复应当包括下列内容：

（一）质疑供应商的姓名或者名称；

（二）收到质疑函的日期、质疑项目名称及编号；

（三）质疑事项、质疑答复的具体内容、事实依据和法律依据；

（四）告知质疑供应商依法投诉的权利；

（五）质疑答复人名称；

（六）答复质疑的日期。

质疑答复的内容不得涉及商业秘密。

第十六条　采购人、采购代理机构认为供应商质疑不成立，或者成立但未对中标、成交结果构成影响的，继续开展采购活动；认为供应商质疑成立且影响或者可能影响中标、成交结果的，按照下列情况处理：

（一）对采购文件提出的质疑，依法通过澄清或者修改可以继续开展采购活动的，澄清或者修改采购文件后继续开展采购活动；否则应当修改采购文件后重新开展采购活动。

（二）对采购过程、中标或者成交结果提出的质疑，合格供应商符合法定数量时，可以从合格的中标或者成交候选人中另行确定中标、成交供应商的，应当依法另行确定中标、成交供应商；否则应当重新开展采购活动。

质疑答复导致中标、成交结果改变的，采购人或者采购代理机构应当将有关情况书面报告本级财政部门。

三、案例分析

（一）违规答复质疑

>> **案例 1**

案情描述：

×××单位于 2021 年 8 月 1 日收到供应商书面质疑函，于 2021 年 8

月 12 日给予供应商质疑答复。

点评分析：

质疑答复超期。采购人应当在收到供应商的书面质疑后 7 个工作日内作出答复，并以书面形式通知质疑供应商和其他有关供应商。

依据：

《中华人民共和国政府采购法》第五十三条。

>> **案例 2**

案情描述：

×××单位质疑答复内容未见收到质疑函日期、质疑事项等内容。

点评分析：

质疑答复内容不全。质疑答复应当包括下列内容：质疑供应商的姓名或者名称；收到质疑函的日期、质疑项目名称及编号；质疑事项、质疑答复的具体内容、事实依据和法律依据；告知质疑供应商依法投诉的权利；质疑答复人名称；答复质疑的日期。

依据：

《政府采购质疑和投诉办法》（财政部令第 94 号）第十五条。

（二）违规处理质疑

案情描述：

×××单位采购项目因供应商的质疑事项成立，导致成交结果改变，变更了成交供应商，但未将有关情况书面报告本级财政部门。

点评分析：

质疑答复导致中标、成交结果改变的，采购人或者采购代理机构应当将有关情况书面报告本级财政部门。

依据：

《政府采购质疑和投诉办法》（财政部令第 94 号）第十六条。

四、工作指引

质疑是法律法规赋予供应商的权利，也关系着采购项目能否继续顺利进行，质疑答复是化解政府采购争议的有效方式，一份说理充分、有理有据的质疑答复有可能使争议在质疑阶段化解。

但实践中，采购人、代理机构经常存在笼统地回复供应商质疑的问题，如只回复采购文件是否合法，但没有任何解释和说明，不仅不利于说服质疑供应商，而且更容易增加供应商投诉的风险。并且，在进入投诉阶段后，质疑答复就成为财政部门判断代理机构编制采购文件是否合法、是否有效答复质疑的证据。然而，这种答复由于没有证明力，采购人、代理机构仍需重新进行解释和说明，从而耽误投诉的处理进程，进而影响项目进展。

因此，实践中采购人质疑答复过程中应注意以下三点。

（1）在法定期限内作出质疑答复，并及时送达。采购人、代理机构应当在收到质疑函后7个工作日内作出书面的质疑答复，并将质疑答复通知质疑供应商和其他有关供应商。质疑答复内容应当符合法律规定。

（2）对供应商的质疑事项要有针对性地进行答复。如对于资质等资格条件，应当说明依据哪部法律的哪条规定设置。对于商务条件、技术指标，应当结合采购项目的具体特点和实际需要或者与合同履行相关的角度进行解释和说明。对评审因素的设定应当与投标人所提供货物服务的质量相关，应从投标报价、技术或者服务水平、履约能力、售后服务等进行解释和说明；分值的设置应从采购需求等方面进行解释和说明。质疑答复尽量引用相关法律规定和招标文件的规定，但答复的内容不得涉及商业秘密。

（3）处理质疑作出质疑答复时，发现需要重新开展采购活动，或者重新评审导致中标、成交结果改变的，采购人或者采购代理机构应当将有关情况书面报告本级财政部门。